Konkursordnung

für das Deutsche Reich

nebst den zugehörigen Einführungsgesetzen

und

Gesetz, betreffend die Anfechtung von Rechtshandlungen eines Schuldners außerhalb des Konkursverfahrens,

je in alter und neuer Fassung.

Vergleichende Textausgabe
mit alphabetischem Sachregister.

München.
J. Schweitzer Verlag (Arthur Sellier).
1898.

Bemerkung.

Der zufolge des Gesetzes vom 17. Mai 1898 in Wegfall kommende Text der alten Konkursordnung ist als veraltet in lateinischer (Antiqua=) Schrift, der aus dieser Konkursordnung auch künftig geltende Text in gewöhnlicher deutscher Schrift (Fraktur), der neue Text nach dem Gesetze vom 17. Mai 1898 in fetter deutscher Schrift gedruckt. Die über dem Striche stehenden, in gewöhnlicher Schrift gedruckten Zahlen sind die Verweisungsparagraphen nach der alten, die unter dem Striche stehenden, fettgedruckten Zahlen sind die Verweisungsparagraphen nach der neuen Konkursordnung. Die gewöhnliche deutsche und die lateinische Schrift nebst den über dem Striche stehenden Zahlen geben daher den Wortlaut der alten, die gewöhnliche deutsche und die fette deutsche Schrift nebst den unter dem Striche stehenden, fetten Zahlen den Wortlaut der neuen Konkursordnung wieder. Ueber jedem Paragraphen findet sich dessen Zahl nach der bisherigen Konkursordnung in gewöhnlicher Schrift, nach dem Gesetze vom 17. Mai 1898 in liegender Schrift und nach der neuen Konkursordnung in fetter Schrift. Letztere Zahl ist der Uebersicht halber nochmals am Rande ausgesetzt. Die links befindlichen römischen Zahlen deuten die Absätze der alten, die rechts befindlichen deutschen Zahlen die Absätze der neuen Konkursordnung an. Mit aller Sorgfalt ist darauf geachtet, daß wortwörtlich zu ersehen ist, was von der alten Konkursordnung weggefallen, noch übrig und neu hinzugekommen oder geändert ist. Dadurch wird die genaueste vergleichende Darstellung der alten und der neuen Konkursordnung ermöglicht. Das gleiche Verfahren ist bei dem Einführungsgesetze zur Konkursordnung und dem Anfechtungsgesetze beobachtet.

Inhalts-Verzeichniß.

A.

Gesetz,

betreffend

Aenderungen der Konkursordnung.

Vom 17. Mai 1898.

(Reichsgesetzblatt 1898 Nr. 21 S. 230 ff.)

Wir Wilhelm, von Gottes Gnaden Deutscher Kaiser, König von Preußen ꝛc. verordnen im Namen des Reichs, nach erfolgter Zustimmung des Bundesraths und des Reichstags, was folgt:

Die Konkursordnung wird dahin geändert:

[Es folgen in 56 Nummern die in dem Abdrucke der Konkursordnung unter Nr. II berücksichtigten Aenderungen der KO. vom 10. Februar 1877.

Weggefallen sind die früheren §§ 13, 43, 105, 180, 195 bis 197.*)

Abgeändert sind die §§ 1 (1), 2 (3), 4 (5), 6 (7), 11 (14), 12 (15), 14 (16), 17 (19), 18 (20), 19 (22), 20 (25), 25 (32), 33 (40), 34 (41), 39 (47), 40 (48), 41 (49), 54 (61), 64 (71), 74 (82), 77 (85), 81 (89), 83 (91), 98 (106), 99 (107), 102 (110), 106 (113), 107 (117), 117 (127), 122 (134), 126 (138), 142 (154), 144 (156), 158 (171), 162 (175), 166 (179), 178 (193), 184 (198), 190 (204), 191 (205), 198 (209), 199 (210), 200 (211), 201 (212), 204 (216), 205 (217), 206 (230), 208 (238), 210 (240), 211 (241).

Eingeschaltet sind die §§ 1a (2), 7a (9), 10a (13), 18a (21), 19a (23), 19b (24), 21a (27), 21b (28), 34a (42), 66a (74), 106a (114), 106b (115), 106c (116), 117a (128), 118a (130), 152a (165), 169a (183), 172a (187), 201a (213), 205a (218), 205b (219), 205c (220) 205d (221), 205e (222), 205f (223), 205g (224), 205h (225) 205i (226), 205k (227), 205l (228), 205m (229), 206a (231), 206b (232), 206c (233), 206d (234), 206e (235), 206f (236)].

Urkundlich unter Unserer Höchsteigenhändigen Unterschrift und beigedrucktem Kaiserlichen Insiegel.

Gegeben Straßburg i/E., den 17. Mai 1898.

(L. S.) **Wilhelm.**

Fürst zu Hohenlohe

---

*) Die fettgedruckten, in Klammern stehenden Ziffern bedeuten die Paragraphen der neuen Nummerierung, die anderen Ziffern ohne Buchstaben die Paragraphen der KO. vom 10. Februar 1877, die Ziffern mit Buchstaben die Paragraphen des Gesetzes vom 17. Mai 1898.

B.

Einführungsgesetz

zu dem

Gesetze, betreffend Aenderungen der Konkursordnung.

Vom 17. Mai 1898.

(Reichsgesetzblatt 1898 Nr. 21 S. 248 ff.)

Wir Wilhelm, von Gottes Gnaden Deutscher Kaiser, König von Preußen 2c., verordnen im Namen des Reichs, nach erfolgter Zustimmung des Bundesraths und des Reichstags, was folgt:

Art. I. **Artikel I.**

Das Gesetz, betreffend Aenderungen der Konkursordnung, tritt gleichzeitig mit dem Bürgerlichen Gesetzbuch in Kraft.

Art. II. **Artikel II.**

Das Gesetz, betreffend die Einführung der Konkursordnung, wird dahin geändert:

1. Die Bestimmung des §. 5 Nr. 2 wird aufgehoben.
2. Der §. 6 wird dahin geändert:

   Die Bestimmungen der §§. $\frac{193, 194, 214}{\mathbf{207, 208, 244}}$ der Konkursordnung finden auf registrirte Gesellschaften, welche auf Grund des bayerischen Gesetzes vom 29. April 1869, betreffend die privatrechtliche Stellung der Erwerbs- und Wirthschaftsgesellschaften, bestehen, entsprechende Anwendung.

   Die Gesellschaft wird in dem Konkursverfahren durch den Vorstand oder die Liquidatoren vertreten. Ein Zwangsvergleich findet nicht statt.
3. Der §. 7 erhält folgenden Abs. 2:

   Das Gleiche gilt in Ansehung der Mitglieder des vormaligen Hannoverschen Königshauses, des vormaligen

Kurhessischen und des vormaligen Herzoglich Nassauischen Fürstenhauses.

4. Die §§. 14 bis 16 werden aufgehoben.

Artikel III.

Art. III.

Die Vorschriften des §. $\frac{41}{49}$ Abs. 2 der Konkursordnung und des §. 17 Nr. 1, 2 des Gesetzes, betreffend die Einführung der Konkursordnung, finden auch außerhalb des Konkurses Anwendung.

Artikel IV.

Art. IV.

Unberührt bleiben die landesgesetzlichen Vorschriften, welche die Zulässigkeit des Konkursverfahrens über das Vermögen der im §. 15 Nr. 3 des Einführungsgesetzes zur Civilprozeßordnung bezeichneten juristischen Personen beschränken oder ausschließen.

Artikel V.

Art. V.

Ein vor dem Inkrafttreten des Gesetzes, betreffend Aenderungen der Konkursordnung, eröffnetes Konkursverfahren ist nach den bisherigen Gesetzen zu erledigen.

Artikel VI.

Art. VI.

In einem am Tage des Inkrafttretens des Gesetzes, betreffend Aenderungen der Konkursordnung, oder nach diesem Tage eröffneten Konkursverfahren bleiben, soweit für ein Rechtsverhältniß die Vorschriften des bisherigen bürgerlichen Rechtes maßgebend sind, für das Rechtsverhältniß auch die Vorschriften des bisherigen Konkursrechts maßgebend. Dies gilt insbesondere in Ansehung eines Nachlasses, wenn der Erblasser vor dem bezeichneten Zeitpunkte gestorben ist. Die Landesgesetzgebung kann jedoch auf ein Rechtsverhältniß, für welches nach den Uebergangsvorschriften des Einführungsgesetzes zum Bürgerlichen Gesetzbuche die Landesgesetze maßgebend sind, die Vorschriften des neuen Konkursrechts für anwendbar erklären.

Artikel VII.

Art. VII.

Das Gesetz, betreffend die Anfechtung von Rechtshandlungen eines Schuldners außerhalb des Konkursverfahrens, vom 21. Juli 1879 (Reichs-Gesetzbl. S. 277) wird dahin geändert:

1. Im §. 3 Nr. 2, 3 werden die Worte „vor der Rechtshängigkeit des Anfechtungsanspruchs“ ersetzt durch die Worte:

„vor der Anfechtung“.

Die Nr. 4 des §. 3 erhält folgende Fassung:

4. Die in den letzten zwei Jahren vor der Anfechtung von dem Schuldner vorgenommenen unentgeltlichen Verfügungen zu Gunsten seines Ehegatten.

2. Als §. 3a wird folgende Vorschrift eingestellt:

Hat der Erbe aus dem Nachlasse Pflichttheilsansprüche, Vermächtnisse oder Auflagen erfüllt, so kann ein Nachlaßgläubiger, der im Konkursverfahren über den Nachlaß dem Empfänger der Leistung im Range vorgehen oder gleichstehen würde, die Leistung in gleicher Weise anfechten wie eine unentgeltliche Verfügung des Erben.

3. Im §. 4 werden die Worte „der Anfechtungsanspruch rechtshängig geworden ist“ ersetzt durch die Worte:

„die Anfechtung erfolgt ist“.

4. Der §. 11 wird dahin geändert:

Die gegen den Erblasser begründete Anfechtung findet gegen den Erben statt.

Gegen einen anderen Rechtsnachfolger desjenigen, welchem gegenüber die anfechtbare Handlung vorgenommen ist, findet die gegen den letzteren begründete Anfechtung statt:

1. wenn ihm zur Zeit seines Erwerbes die Umstände, welche die Anfechtbarkeit des Erwerbes seines Rechtsvorgängers begründen, bekannt waren;
2. wenn er zu den im §. 3 Nr. 2 genannten Personen gehört, es sei denn, daß ihm zur Zeit seines Erwerbes die Umstände, welche die Anfechtbarkeit des Erwerbes seines Rechtsvorgängers begründen, unbekannt waren;

3. wenn ihm das Erlangte unentgeltlich zugewendet worden ist.

Im Falle des Abs. 2 Nr. 3 findet auf die Haftung des Rechtsnachfolgers die Vorschrift des §. 7 Abs. 2 Anwendung.

Zur Erstreckung der Fristen in Gemäßheit des §. 4 genügt die Zustellung des Schriftsatzes an den Rechtsnachfolger, gegen welchen die Anfechtung erfolgen soll.

5. Der §. 12 wird dahin geändert:

Die Anfechtung einer nach §. 3 Nr. 1 anfechtbaren Handlung kann nur binnen zehn Jahren erfolgen. Auf den Lauf der Frist finden die für die Verjährung geltenden Vorschriften des §. 203 Abs. 2 und der §§. 206, 207 des Bürgerlichen Gesetzbuchs entsprechende Anwendung.

Die Frist beginnt mit dem Zeitpunkt, in welchem der Gläubiger den vollstreckbaren Schuldtitel erlangt hatte und seine Forderung fällig war, wenn aber die Rechtshandlung nach diesem Zeitpunkte vorgenommen ist, mit der Vornahme der Handlung.

Die Anfechtung ist ausgeschlossen, wenn seit der Vornahme der Rechtshandlung dreißig Jahre verstrichen sind.

6. An die Stelle des §. 13 Abs. 4 Satz 2 tritt folgende Vorschrift:

War die Anfechtung nicht schon zur Zeit der Eröffnung des Konkursverfahrens erfolgt, so wird die im §. 3 Nr. 2 bis 4 bestimmte Frist von diesem Zeitpunkte berechnet, sofern die Anfechtung bis zum Ablauf eines Jahres seit der Beendigung des Konkursverfahrens erfolgt.

Artikel VIII.

Art. VIII.

Die Vorschriften des Artikel VII finden auf die vor dem Inkrafttreten dieses Gesetzes vorgenommenen Rechtshandlungen keine Anwendung.

Art. IX.

Artikel IX.

In bürgerlichen Rechtsstreitigkeiten, in welchen durch Klage oder Widerklage ein Anspruch auf Grund des dritten Titels des ersten Buches der Konkursordnung oder auf Grund des Gesetzes, betreffend die Anfechtung von Rechtshandlungen eines Schuldners außerhalb des Konkursverfahrens, geltend gemacht ist, wird die Verhandlung und Entscheidung letzter Instanz im Sinne des §. 8 des Einführungsgesetzes zum Gerichtsverfassungsgesetze dem Reichsgerichte zugewiesen.

Urkundlich unter Unserer Höchsteigenhändigen Unterschrift und beigedrucktem Kaiserlichen Insiegel.

Gegeben Straßburg i/E., den 17. Mai 1898.

(L. S.) **Wilhelm.**

Fürst zu Hohenlohe.

C.

Gesetz,

betreffend

die Ermächtigung des Reichskanzlers zur Bekanntmachung der Texte verschiedener Reichsgesetze.

Vom 17. Mai 1898.

(Reichs-Gesetzblatt 1898 Nr. 21 S. 342).

Wir Wilhelm, von Gottes Gnaden Deutscher Kaiser, König von Preußen 2c. verordnen im Namen des Reichs, nach erfolgter Zustimmung des Bundesraths und des Reichstags, was folgt:

§. 1. §. 1.

Der Reichskanzler wird ermächtigt, die Texte

1. des Gerichtsverfassungsgesetzes,
2. der Civilprozeßordnung,
3. der Konkursordnung,
4. des Gerichtskostengesetzes,
5. der Gebührenordnung für Gerichtsvollzieher,
6. der Gebührenordnung für Zeugen und Sachverständige,
7. der Gebührenordnung für Rechtsanwälte,

8. des Gesetzes, betreffend die Anfechtung von Rechtshandlungen eines Schuldners außerhalb des Konkursverfahrens,

wie sie sich aus den Aenderungen ergeben, welche in

dem Gesetze vom 29. Juni 1881 (Reichs-Gesetzbl. S. 178),
dem Gesetze vom 17. März 1886 (Reichs-Gesetzbl. S. 61),
dem Gesetze vom 30. April 1886 (Reichs-Gesetzbl. S. 130),
dem Gesetze vom 5. April 1888 (Reichs-Gesetzbl. S. 133),
dem Gesetze vom 11. Juni 1890 (Reichs-Gesetzbl. S. 73),
dem Gesetze vom 29. März 1897 (Reichs-Gesetzbl. S. 159),
dem Gesetze, betreffend Aenderungen des Gerichtsverfassungsgesetzes und der Strafprozeßordnung,
dem Gesetze, betreffend Aenderungen der Civilprozeßordnung, und dem zugehörigen Einführungsgesetze,
dem Gesetze, betreffend Aenderungen der Konkursordnung, und dem zugehörigen Einführungsgesetze,
sowie in dem § 153 Abs. 1 des Gesetzes, betreffend die Erwerbs- und Wirthschaftsgenossenschaften vom 1. Mai 1889 (Reichs-Gesetzbl. S. 55), dem Artikel 13 Abs. 3 des Einführungsgesetzes zum Handelsgesetzbuch und dem Abs. 2

vorgesehen sind, und zwar die Civilprozeßordnung und die Konkursordnung unter fortlaufender Nummernfolge der Paragraphen, durch das Reichs-Gesetzblatt bekannt zu machen.

Soweit in Reichsgesetzen oder in Landesgesetzen auf Vorschriften der im Abs. 1 Nr. 1 bis 8 bezeichneten Gesetze verwiesen ist, treten die entsprechenden Vorschriften der durch den Reichskanzler bekannt gemachten Texte an ihre Stelle.

§. 2. §. 2.

Der Reichskanzler wird ermächtigt, die Texte

1. des Gesetzes über die Zwangsversteigerung und die Zwangsverwaltung und des zugehörigen Einführungsgesetzes,
2. der Grundbuchordnung,
3. des Gesetzes über die Angelegenheiten der freiwilligen Gerichtsbarkeit

durch das Reichs-Gesetzblatt in der Weise bekannt zu machen, daß die darin enthaltenen Verweisungen auf Vorschriften der

Civilprozeßordnung, der Konkursordnung und der im Artikel 13 Abs. 1 des Einführungsgesetzes zum Handelsgesetzbuche bezeichneten Gesetze durch Verweisungen auf die entsprechenden Vorschriften der durch den Reichskanzler bekannt gemachten Texte zu ersetzen sind.

Urkundlich unter Unserer Höchsteigenhändigen Unterschrift und beigedrucktem Kaiserlichen Insiegel.

Gegeben Straßburg i/E., den 17. Mai 1898.

(L. S.) **Wilhelm.**

Fürst zu Hohenlohe.

D.

Bekanntmachung

der Texte verschiedener Reichsgesetze in der vom 1. Januar 1890 an geltenden Fassung.

Vom 20. Mai 1898.

(Reichsgesetzblatt 1898 Nr. 25 S. 369 ff.)

Auf Grund des Gesetzes, betreffend die Ermächtigung des Reichskanzlers zur Bekanntmachung der Texte verschiedener Reichsgesetze, vom 17. Mai 1898 werden die Texte der unten folgenden Gesetze:

(Es folgen die in §§. 1 und 2 des unter C abgedruckten Gesetzes aufgeführten Gesetze.)

bekannt gemacht.

Ferner werden auf Grund des Artikels 13 des Einführungsgesetzes zum Handelsgesetzbuch vom 10. Mai 1897 die Texte

des Gesetzes betreffend die Erwerbs- und Wirthschaftsgenossenschaften, unter Ausschluß der in den §§ 153 bis 170 des Gesetzes vom 1. Mai 1889 (Reichs-Gesetzbl. S. 55) enthaltenen Schluß- und Uebergangsbestimmungen,

des Gesetzes betreffend die Gesellschaften mit beschränkter Haftung und

des Gesetzes betreffend die privatrechtlichen Verhältnisse der Binnenschifffahrt

nachstehend bekannt gemacht.

Berlin, den 20. Mai 1898.

Der Reichskanzler.

Fürst zu Hohenlohe.

I.

Einführungsgesetz

zur Konkursordnung

vom 10. Februar 1877 (Reichsgesetzblatt 1877 Nr. 10 S. 390 ff.)

zugleich in der Fassung nach dem Einführungsgesetze vom 17. Mai 1898 zu dem Gesetze, betr. Aenderungen der Konkursordnung (s. oben A und B).

Wir **Wilhelm**, von Gottes Gnaden Deutscher Kaiser, König von Preußen 2c. verordnen im Namen des Reichs nach erfolgter Zustimmung des Bundesraths und des Reichstags, was folgt:

§. 1. §. 1.

I Die Konkursordnung tritt im ganzen Umfange des Reichs gleichzeitig mit dem Gerichtsverfassungsgesetze in Kraft. 1

§. 2. §. 2.

I Gesetz im Sinne der Konkursordnung und dieses Gesetzes ist jede Rechtsnorm. 1

§. 3. §. 3.

I **Die den Konkurs betreffenden Vorschriften der Reichsgesetze werden durch die Konkursordnung nicht berührt.** 1

II **Aufgehoben werden:** 2

1. **Die Vorschriften des §. 51 des Gesetzes, betreffend die privatrechtliche Stellung der Erwerbs- und Wirthschaftsgenossenschaften, vom 4. Juli 1868, sowie die im §. 48 desselben Gesetzes bestimmte Zuständigkeit des Handelsgerichts;**
2. **die Vorschriften der §§. 13 bis 18 des Gesetzes, betreffend die Gewährung der Rechtshülfe, vom 21. Juni 1869;**
3. **die Vorschriften der §§. 281 bis 283 des Strafgesetzbuchs.**

III Der Artikel 80 der Wechselordnung wird dahin ab-

Gewöhnliche deutsche und lateinische Schrift = altes EG.

geändert, dass die Verjährung auch nach Massgabe des §. 13 der Konkursordnung unterbrochen wird.*)

IV Die Verjährung zu Gunsten eines zur Zeit der Eröffnung des Konkursverfahrens ausgeschiedenen oder ausgeschlossenen Genossenschafters (§ 64 Abs. 1 des Gesetzes vom 4. Juli 1868) wird auch durch Anmeldung der Konkursforderung unterbrochen.**)

§. 4.

§. 4.

I **Aufgehoben werden die Vorschriften der Landesgesetze über Konkurs-, Falliments-, Gant-, Debit-Verfahren, über gerichtliche, zur Abwendung oder Einleitung eines solchen Verfahrens dienende Stundungs- und Nachlaßverhandlungen, konkursmäßige Einleitungen, Vermögensuntersuchungen über die Rechtswohlthat der Güterabtretung und die landesherrliche oder gerichtliche Bewilligung einer allgemeinen Zahlungsstundung, sowie über das Konkursrecht, insoweit nicht in der Konkursordnung auf dieselben verwiesen oder bestimmt ist, daß sie nicht berührt werden.** 1

II **Aufgehoben werden die Strafvorschriften, welche rücksichtlich des Konkurses in den Landesgesetzen enthalten sind.** 2

§. 5.

§. 5.

I **Unberührt bleiben die landesgesetzlichen Vorschriften, welche die Lehen, Stammgüter oder Familienfideikommisse betreffen.** 1

§. 6.

§. 6.

I Die Bestimmungen der §§. $\frac{193, 194, 196, 214}{\mathbf{207, 208, 244}}$ der Konkursordnung **finden** auf Vereine und **registrierte Gesellschaften, welche auf Grund** $\frac{\text{der}}{\textbf{des}}$ **bayerischen** $\frac{\text{Gesetze}}{\textbf{Gesetzes}}$ **vom 29. April 1869, betreffend die privatrechtliche Stellung** der Vereine sowie 1

---

*) Art. 80 WO. ist durch Art. 8 Ziff. 2 des Einf.Ges. zum Handelsgesetzbuche vom 10. Mai 1897 aufgehoben.

**) Dieser Absatz ist durch § 153 Abs. 1 des Genossenschaftsgesetzes vom 1. Mai 1889 aufgehoben.

Gewöhnliche deutsche und fette deutsche Schrift = neues EG.

der Erwerbs= und Wirthschaftsgesellschaften, bestehen, ent=
sprechende Anwendung.

Die Gesellschaft wird in dem Konkursverfahren durch den 2
**Vorstand oder die Liquidatoren vertreten. Ein Zwangsver=
gleich findet nicht statt.**

§. 7. §. 7.

I In Ansehung der Landesherren und der Mitglieder der 1
landesherrlichen Familien, sowie der Mitglieder der fürstlichen
Familie Hohenzollern finden die Bestimmungen der Konkurs=
ordnung nur insoweit Anwendung, als nicht besondere Vor=
schriften der Hausverfassungen oder der Landesgesetze ab=
weichende Bestimmungen enthalten.

Das Gleiche gilt in Ansehung der Mitglieder des vor= 2
**maligen Hannover'schen Königshauses, des vormaligen Kur=
hessischen und des vormaligen Herzoglich Nassauischen Fürsten=
hauses.**

§. 8. §. 8.

I Ein vor dem Tage des Inkrafttretens der Konkursord= 1
nung eröffnetes Konkursverfahren ist nach den bisherigen
Gesetzen zu erledigen.

II Der Landesgesetzgebung bleibt vorbehalten, die Konkurs= 2
ordnung auf die Erledigung der vor dem Inkrafttreten der
Konkursordnung anhängig gewordenen Konkurssachen für
anwendbar zu erklären und zu dem Zwecke Uebergangs=
bestimmungen zu erlassen.

§. 9. §. 9.

I In einem am Tage des Inkrafttretens der Konkurs= 1
ordnung oder nach diesem Tage eröffneten Konkursverfahren
finden die Bestimmungen der Konkursordnung über die An=
fechtung von Rechtshandlungen auf eine vor dem bezeichneten
Tage vorgenommene Rechtshandlung Anwendung, sofern nicht
dieselbe nach den Vorschriften der bisherigen Gesetze der An=
fechtung entzogen oder in geringerem Umfange unterworfen ist.

§. 10. §. 10.

I In einem am Tage des Inkrafttretens der Konkursord= 1

Gewöhnliche deutsche und lateinische Schrift = altes EG.

nung oder nach diesem Tage eröffneten Konkursverfahren finden die Bestimmungen der §§. $\frac{42,\ 48\ \text{Nr.}\ 3, 4\ 9}{\mathbf{50,\ 55\ Nr.\ 3,\ 56}}$ der Konkursordnung auf eine vor dem bezeichneten Tage abgetretene oder erworbene Forderung Anwendung, sofern nicht die bisherigen Gesetze eine Aufrechnung zulassen, oder eine Verpflichtung zum Schadensersatze nicht oder in geringerem Umfange begründen.

§. 11.

§. 11.

I In einem am Tage des Inkrafttretens der Konkurs- 1
ordnung oder nach diesem Tage eröffneten Konkursverfahren finden die Bestimmungen der Konkursordnung und dieses Gesetzes über abgesonderte Befriedigung auf Pfand- und Vorzugsrechte Anwendung, wenngleich dieselben oder die Forderungen vor dem bezeichneten Tage erworben sind.

§. 12.

§. 12.

I Insoweit Pfand- und Vorzugsrechte, welche vor dem Tage 1
des Inkrafttretens der Konkursordnung auf Grund eines Vertrages, einer letztwilligen Anordnung oder einer richterlichen Verfügung erworben oder in Bankstatuten den Banknoteninhabern rechtsgültig zugesichert sind, zufolge der Bestimmungen der Konkursordnung und dieses Gesetzes ihre Wirksamkeit verlieren, kann die Landesgesetzgebung für die Forderung des Berechtigten ein Vorrecht vor allen oder einzelnen der im §. $\frac{54}{\mathbf{61}}$ der Konkursordnung bezeichneten Forderungen gewähren.

II Ist das Pfand- oder Vorzugsrecht auf einzelne bewegliche 2
Gegenstände des Schuldners beschränkt, so kann das Vorrecht nur in Höhe des Erlöses derselben gewährt werden.

III Das durch die vorstehenden Bestimmungen vorbehaltene 3
Vorrecht kann nicht gewährt werden für ein zwei Jahre nach dem Inkrafttreten der Konkursordnung eröffnetes Konkursverfahren, wenn nicht das Vorrecht dadurch erhalten wird, daß dasselbe bis zum Ablaufe der zwei Jahre zur Eintragung in ein öffentliches Register vorschriftsmäßig angemeldet ist.

Gewöhnliche deutsche und fette deutsche Schrift = neues EG.

Der Erlaß von Vorschriften über die Einrichtung solcher Register, sowie über die Anmeldung und Eintragung der Forderungen bleibt der Landesgesetzgebung vorbehalten.

§. 13. §. 13.

I Die Landesgesetzgebung kann der Ehefrau, den Kindern 1
und den Pflegebefohlenen des Gemeinschuldners für Forderungen, welche vor dem Tage des Inkrafttretens der Konkursordnung entstanden sind, ein Vorrecht nach Maßgabe des §. 12 Abs. 1, 2 insoweit gewähren, als ein gesetzliches Pfand= oder Vorzugsrecht der Ehefrau, der Kinder oder der Pflegebefohlenen nach den bisherigen Gesetzen bestanden hat.

II Auf das Vorrecht der Ehefrau findet die Bestimmung 2
des §. 12 Abs. 3 entsprechende Anwendung.

III Den Kindern und den Pflegebefohlenen kann das Vor= 3
recht für ein fünf Jahre nach dem Inkrafttreten der Konkursordnung eröffnetes Konkursverfahren nicht gewährt werden.

§. 14. §. 14.

I Faustpfandrechte im Sinne des §. 40 der Konkursordnung bestehen an beweglichen körperlichen Sachen nur, wenn der Pfandgläubiger oder ein Dritter für ihn den Gewahrsam der Sache erlangt oder behalten hat.

II Das Absonderungsrecht besteht ohne Uebergabe der Sache, sofern:

1. nach den Reichsgesetzen oder den Landesgesetzen die Uebergabe von Konnossementen und ähnlichen Papieren über Waaren oder andere bewegliche Sachen der Uebergabe derselben, oder die Eintragung der Verpfändung in das Schiffsregister oder die Uebergabe der mit einem beglaubigten Vermerke der Verpfändung versehenen Schiffsurkunden oder einer beglaubigten Abschrift derselben der Uebergabe des verpfändeten Schiffes gleichsteht;
2. über eine Verbodmung nach Vorschrift des Handelsgesetzbuchs ein Bodmereibrief ausgestellt ist.

Gewöhnliche deutsche und lateinische Schrift = altes EG.

§. 15. §. 15.

I Faustpfandrechte im Sinne des §. 40 der Konkursordnung bestehen an Forderungen und anderen Vermögensrechten nur,

1. wenn der Drittschuldner von der Verpfändung benachrichtigt ist;
2. wenn der Pfandgläubiger oder ein Dritter für ihn den Gewahrsam der körperlichen Sache, welche den Gegenstand des Rechts bildet, oder der über die Forderung oder das Vermögensrecht ausgestellten Urkunde erlangt und behalten hat;
3. wenn die Verpfändung in dem Grund- oder Hypothekenbuche eingetragen ist.

§. 16. §. 16.

I Die Vorschriften der Landesgesetze, welche für den Erwerb von Faustpfandrechten mehrere der in den §§. 14, 15 bezeichneten Erfordernisse oder weitere Erfordernisse festsetzen, bleiben unberührt.

§. 17. §. 17.

I **Der Landesgesetzgebung bleibt vorbehalten, Bestimmungen zu treffen, nach welchen** 1

1. **den Inhabern der von Gemeinden oder anderen Verbänden, von Korporationen, Aktiengesellschaften, Kommanditgesellschaften auf Aktien oder Genossenschaften ausgestellten Pfandbriefe oder ähnlicher auf Grund erworbener Forderungen von denselben ausgestellter Wertpapiere an solchen Forderungen ein Faustpfandrecht im Sinne des §. $\frac{40}{48}$ der Konkursordnung dadurch gewährt werden kann, daß einem Vertreter sämmtlicher Inhaber allein oder in Gemeinschaft mit dem Aussteller die Ausübung des Gewahrsams der über die Forderungen lautenden Urkunden übertragen oder auf diesen Urkunden die Gewährung des Pfandrechts vermerkt wird;**
2. **den Inhabern von Schuldverschreibungen, welche von den**

Gewöhnliche deutsche und fette deutsche Schrift = neues EG.

unter Nr. 1 bezeichneten Schuldnern über eine Anleihe ausgestellt sind, an gewissen beweglichen körperlichen Sachen ein Faustpfandrecht im Sinne des §. $\frac{40}{48}$ der Konkursordnung dadurch gewährt werden kann, daß einem Vertreter sämmtlicher Inhaber allein oder in Gemeinschaft mit dem Aussteller die Ausübung des Gewahrsams der Sachen übertragen wird;

3. den Inhabern von Schuldverschreibungen, welche von den unter Nr. 1 bezeichneten Schuldnern über eine Anleihe ausgestellt sind, ein Vorrecht vor nicht bevorrechtigten Konkursgläubigern, deren Forderungen später entstehen, dadurch gewährt werden kann, daß die zu bevorrechtigenden Forderungen in ein öffentliches Schuldenbuch eingetragen werden.

Urkundlich unter Unserer Höchsteigenhändigen Unterschrift und beigedrucktem Kaiserlichen Insiegel.

Gegeben Berlin, den 10. Februar 1877.

(L. S.) Wilhelm.

Fürst von Bismarck.

II.

Konkursordnung

vom 10. Februar 1877 (Reichsgesetzblatt 1877 Nr. 10. S. 351 ff.),
zugleich in der Fassung nach dem Gesetze vom 17. Mai 1898, betreffend Aenderungen der Konkursordnung (s. oben A),
mit dem in der Bekanntmachung des Reichskanzlers vom 20. Mai 1898 (s. oben D) veröffentlichten Texte. (Reichsgesetzblatt 1898 Nr. 25 S. 612 ff.)

Wir Wilhelm, von Gottes Gnaden Deutscher Kaiser, König von Preußen 2c. verordnen im Namen des Reichs, nach erfolgter Zustimmung des Bundesraths und des Reichstags, was folgt:

Erstes Buch.

Konkursrecht.

Erster Titel.

Allgemeine Bestimmungen.

§ 1. **§ 1. — *§ 1.* — §. 1.**

I **Das Konkursverfahren umfaßt das gesammte, einer Zwangsvollstreckung unterliegende Vermögen des Gemeinschuldners, welches ihm zur Zeit der Eröffnung des Verfahrens gehört (Konkursmasse).** 1

II Der Niessbrauch, welcher dem Gemeinschuldner während der Dauer des Verfahrens an dem Vermögen seiner Ehefrau oder seiner Kinder nach den Landesgesetzen zusteht, gehört zur Konkursmasse. Aus den Nutzungen kann der Gemeinschuldner die Mittel beanspruchen, welche zu seinem angemessenen Unterhalte und dazu erforderlich sind, um eine gesetzliche Verpflichtung desselben zum Unterhalte seiner Ehefrau oder zum Unterhalte und zur Erziehung seiner Kinder zu erfüllen.

Die im § $\frac{715\ \text{Nr.}\ 5,\ 8}{\mathbf{811\ Nr.\ 4,\ 9}}$ der Civilprozeßordnung und im 2
§ 20 des Gesetzes über das Postwesen des Deutschen Reichs

Gewöhnliche deutsche und fette deutsche Schrift = neue KO.

vom 28. Oktober 1871 vorgesehenen Beschränkungen kommen im Konkursverfahren nicht zur Anwendung.

Zur Konkursmasse gehören auch die Geschäftsbücher des Gemeinschuldners. 3

Gegenstände, die nicht gepfändet werden sollen, gehören nicht zur Konkursmasse. 4

§ 1a. — **§. 2.** § 2.

Wird bei dem Güterstande der allgemeinen Gütergemeinschaft, der Errungenschaftsgemeinschaft oder der Fahrnißgemeinschaft das Konkursverfahren über das Vermögen des Ehemanns eröffnet, so gehört das Gesammtgut zur Konkursmasse; eine Auseinandersetzung wegen des Gesammtguts zwischen den Ehegatten findet nicht statt. 1

Durch das Konkursverfahren über das Vermögen der Ehefrau wird das Gesammtgut nicht berührt. 2

Diese Vorschriften finden bei der fortgesetzten Gütergemeinschaft mit der Maßgabe Anwendung, daß an die Stelle des Ehemanns der überlebende Ehegatte, an die Stelle der Ehefrau die Abkömmlinge treten. 3

§ 2. — *§ 2.* — **§. 3.** § 3.

I Die Konkursmasse dient zur gemeinschaftlichen Befriedigung aller persönlichen Gläubiger, welche einen zur Zeit der Eröffnung des Verfahrens begründeten Vermögensanspruch an den Gemeinschuldner haben (Konkursgläubiger). 1

Unterhaltsansprüche, die nach den §§ 1351, 1360, 1361, 1578—1583, 1586, 1601—1615, 1708—1714 des Bürgerlichen Gesetzbuchs gegen den Gemeinschuldner begründet sind, sowie die sich aus den §§ 1715, 1716 des Bürgerlichen Gesetzbuchs ergebenden Ansprüche können für die Zukunft nur geltend gemacht werden, soweit der Gemeinschuldner als Erbe des Verpflichteten haftet. 2

§ 3. — *§ 3.* — **§. 4.** § 4.

I Ein Anspruch auf abgesonderte Befriedigung aus Gegenständen, welche zur Konkursmasse gehören, kann nur in den von diesem Gesetze zugelassenen Fällen geltend gemacht werden. 1

Gewöhnlich deutsche und lateinische Schrift = alte KO.

II Die abgesonderte Befriedigung erfolgt unabhängig vom Konkursverfahren. 2

§ 5. **§ 4. — § 4. — §. 5.**

I Ausländische Gläubiger stehen den inländischen gleich. 1

II Unter Zustimmung des Bundesraths kann durch Anordnung des Reichskanzlers bestimmt werden, daß gegen die An-/**einen** 2
gehörigen eines ausländischen Staates und die Rechtsnach-/**ausländischen Staat, sowie dessen Angehörige und ihre Rechts-**
folger derselben/**nachfolger** ein Vergeltungsrecht zur Anwendung gebracht werde./**wird.**

§ 6. **§ 5. — § 5. — §. 6.**

I Mit der Eröffnung des Verfahrens verliert der Gemeinschuldner die Befugniß, sein zur Konkursmasse gehöriges Vermögen zu verwalten und über dasselbe zu verfügen. 1

II Das Verwaltungs- und Verfügungsrecht wird durch einen Konkursverwalter ausgeübt. 2

§ 7. **§ 6. — § 6. — §. 7.**

I Rechtshandlungen, welche der Gemeinschuldner nach der Eröffnung des Verfahrens vorgenommen hat, sind den Konkursgläubigern gegenüber nichtig./**unwirksam; die Vorschriften der §§ 892, 893 des Bürgerlichen Gesetzbuchs bleiben unberührt.** 1

II Dem anderen Theile ist die Gegenleistung aus der Masse zurückzugewähren, soweit letztere durch dieselbe bereichert ist. 2

III Hat der Gemeinschuldner Rechtshandlungen am Tage der Eröffnung des Verfahrens vorgenommen, so wird vermuthet, daß sie nach der Eröffnung vorgenommen worden sind. 3

§ 8. **§ 7. — § 7. — §. 8.**

I Eine Leistung, welche auf eine zur Konkursmasse zu erfüllende Verbindlichkeit nach der Eröffnung des Verfahrens an den Gemeinschuldner erfolgt ist, befreit den Erfüllenden 1

Gewöhnliche deutsche und fette deutsche Schrift = neue KO.

den Konkursgläubigern gegenüber nur insoweit, als das Geleistete in die Konkursmasse gekommen ist.

II War die Leistung vor der öffentlichen Bekanntmachung der Eröffnung erfolgt, so ist der Erfüllende befreit, wenn nicht bewiesen wird, daß ihm zur Zeit der Leistung die Eröffnung des Verfahrens bekannt war. 2

III War die Leistung nach der öffentlichen Bekanntmachung erfolgt, so wird der Erfüllende befreit, wenn er beweist, daß ihm zur Zeit der Leistung die Eröffnung des Verfahrens nicht bekannt war. 3

§ 9.

§ *7a.* — §. 9.

Die Annahme oder Ausschlagung einer vor der Eröffnung des Verfahrens dem Gemeinschuldner angefallenen Erbschaft, sowie eines vor diesem Zeitpunkte dem Gemeinschuldner angefallenen Vermächtnisses steht nur dem Gemeinschuldner zu. Das Gleiche gilt von der Ablehnung der fortgesetzten Gütergemeinschaft. 1

§ 10.

§ 8. — § *8.* — §. 10.

I Rechtsstreitigkeiten über das zur Konkursmasse gehörige Vermögen, welche zur Zeit der Eröffnung des Verfahrens für den Gemeinschuldner anhängig sind, können in der Lage, in welcher sie sich befinden, von dem Konkursverwalter aufgenommen werden. Wird die Aufnahme verzögert, so kommen die Bestimmungen des § $\frac{217}{\mathbf{239}}$ der Civilprozeßordnung zur entsprechenden Anwendung. 1

II Lehnt der Verwalter die Aufnahme des Rechtsstreits ab, so kann sowohl der Gemeinschuldner als der Gegner denselben aufnehmen. 2

§ 11.

§ 9. — § *9.* — §. 11.

I Rechtsstreitigkeiten, welche gegen den Gemeinschuldner anhängig und auf Aussonderung eines Gegenstandes aus der Konkursmasse oder auf abgesonderte Befriedigung gerichtet sind oder einen Anspruch betreffen, welcher als Masseschuld zu erachten ist, können sowohl von dem Konkursverwalter als von dem Gegner aufgenommen werden. 1

Gewöhnliche deutsche und lateinische Schrift = alte KO.

II Erkennt der Verwalter den Anspruch sofort an, so fallen ihm die Prozeßkosten nicht zur Last. 2

§ 12. § 10. — *§ 10.* — §. 12.

I Konkursgläubiger können ihre Forderungen auf Sicherstellung oder Befriedigung aus der Konkursmasse nur nach Maßgabe der Vorschriften für das Konkursverfahren verfolgen. 1

§ 13. *§ 10a.* — §. 13.

Ein gegen den Gemeinschuldner bestehendes Veräußerungsverbot der in den §§ 135, 136 des Bürgerlichen Gesetzbuchs bezeichneten Art ist den Konkursgläubigern gegenüber unwirksam; wirksam bleibt jedoch eine bei der Zwangsvollstreckung in das unbewegliche Vermögen erfolgte Beschlagnahme. 1

§ 14. § 11. — *§ 11.* — §. 14.

I Während der Dauer des Konkursverfahrens finden Arreste und Zwangsvollstreckungen zu Gunsten einzelner Konkursgläubiger weder in das zur Konkursmasse gehörige, noch in das sonstige Vermögen des Gemeinschuldners statt. 1

In Ansehung der zur Konkursmasse gehörigen Grundstücke, sowie der für den Gemeinschuldner eingetragenen Rechte an Grundstücken oder an eingetragenen Rechten kann während der Dauer des Konkursverfahrens eine Vormerkung auf Grund einer einstweiligen Verfügung zu Gunsten einzelner Konkursgläubiger nicht eingetragen werden. Das Gleiche gilt von der Eintragung einer Vormerkung in Ansehung eines Schiffspfandrechts. 2

§ 15. § 12. — *§ 12.* — §. 15.

I Pfand- und Hypothekenrechte / **Rechte an den zur Konkursmasse gehörigen Gegenständen, sowie** Vorzugsrechte sowie / **und** Zurückbehaltungsrechte an Gegenständen / **in Ansehung** der Konkursmasse / **solcher Gegenstände** können nach der Eröffnung des Konkursverfahrens / **Verfahrens** nicht mit verbindlicher Kraft gegen die Kon- / **Wirksamkeit gegenüber den Konkurs-** 1

Gewöhnliche deutsche und fette deutsche Schrift = neue KO.

kursgläubiger erworben oder eingetragen werden, wenngleich
gläubigern auch wenn
der Anspruch auf den Erwerb oder die Eintragung schon
der Erwerb nicht auf einer Rechtshandlung des Gemein-
vor der Eröffnung des Verfahrens begründet gewesen ist.
schuldners beruht.

Die Vorschriften der §§ 878, 892, 893 und des § 1260 Abs. 1 des Bürgerlichen Gesetzbuchs bleiben unberührt. 2

§ 13.

1 Die Eröffnung des Konkursverfahrens hemmt nicht den Lauf der Verjährung. Durch die Anmeldung einer Konkursforderung wird deren Verjährung unterbrochen.

§ 14. — *§ 14.* — **§. 16.** § 16.

1 Befindet sich der Gemeinschuldner mit Dritten in einem Miteigenthume, in einer Gesellschaft oder in einer anderen Gemeinschaft, so erfolgt die Theilung oder sonstige Auseinandersetzung außerhalb des Konkursverfahrens. 1

Eine Vereinbarung, durch welche bei einer Gemeinschaft nach Bruchtheilen das Recht, die Aufhebung der Gemeinschaft zu verlangen, für immer oder auf Zeit ausgeschlossen oder eine Kündigungsfrist bestimmt worden ist, wirkt nicht gegen die Konkursmasse. Das Gleiche gilt von einer Anordnung dieses Inhalts, die ein Erblasser für die Gemeinschaft seiner Erben getroffen hat. 2

Zweiter Titel.

Erfüllung der Rechtsgeschäfte.

§ 15. — *§ 15.* — **§. 17.** § 17.

1 Wenn ein zweiseitiger Vertrag zur Zeit der Eröffnung des Konkursverfahrens von dem Gemeinschuldner und von dem anderen Theile nicht oder nicht vollständig erfüllt ist, so kann der Konkursverwalter an Stelle des Gemeinschuldners den Vertrag erfüllen und die Erfüllung von dem anderen Theile verlangen. 1

Gewöhnliche deutsche und lateinische Schrift = alte KO.

II Der Verwalter muß auf Erfordern des anderen Theils, 2
auch wenn die Erfüllungszeit noch nicht eingetreten ist, demselben ohne Verzug erklären, ob er die Erfüllung verlangen will. Unterläßt er dies, so kann er auf der Erfüllung nicht bestehen.

§ 18. § 16. — *§ 16.* — **§. 18.**

I War die Lieferung von Waaren, welche einen Markt- 1
oder Börsenpreis haben, genau zu einer festbestimmten Zeit oder binnen einer festbestimmten Frist bedungen, und tritt die Zeit oder der Ablauf der Frist erst nach der Eröffnung des Verfahrens ein, so kann nicht die Erfüllung verlangt, sondern nur eine Forderung wegen Nichterfüllung geltend gemacht werden.

II Der Betrag dieser Forderung bestimmt sich durch den Unter- 2
schied zwischen dem Kaufpreise und demjenigen Markt- oder Börsenpreise, welcher an dem Orte der Erfüllung oder an dem für denselben maßgebenden Handelsplatze sich für die am zweiten Werktage nach der Eröffnung des Verfahrens mit der bedungenen Erfüllungszeit geschlossenen Geschäfte ergiebt.

III Ist ein solcher Markt- oder Börsenpreis nicht zu ermitteln, 3
so findet die Bestimmung des ersten Absatzes keine Anwendung.

§ 19. § 17. — *§ 17.* — **§. 19.**

I Auf Pacht- und Miethverträge über Sachen übt, wenn deren Uebergabe schon erfolgt ist, die Eröffnung des Verfahrens folgende Wirkungen aus: 1. hatte der Gemeinschuldner gepachtet oder gemiethet,	**War dem Gemeinschuldner ein von ihm gemietheter oder gepachteter Gegenstand vor der Eröffnung des Verfahrens überlassen,** 1

so kann sowohl der andere Theil als der Verwalter

den Vertrag aufkündigen. Die Frist oder Zeit für die Kündigung ist, falls	**das Mieth- oder Pachtverhältniß kündigen. Die Kündigungsfrist ist, falls nicht**

eine kürzere Frist

Gewöhnliche deutsche und fette deutsche Schrift = neue KO.

oder nähere Zeit nicht | **bedungen war, die**
gesetzliche oder ortsübliche; | **gesetzliche.**

2. hatte der Gemeinschuldner verpachtet oder vermiethet, so wirkt eine freiwillige Veräusserung der Sache durch den Konkursverwalter auf die Zulässigkeit der Kündigung sowie auf die Dauer des Vertrages wie eine Zwangsversteigerung.

Kündigt der Verwalter, so ist der andere Theil berechtigt, 2
Ersatz des ihm durch die Aufhebung des Vertrags entstehenden Schadens zu verlangen.

§. 18. — *§ 18.* — **§. 20.** § 20.

I Wenn der | **War dem** 1
Gemeinschuldner
gepachtet oder gemiethet hatte und die Uebergabe der Sache | **ein von ihm gemietheter oder gepachteter Gegenstand**
zur Zeit der Eröffnung des Verfahrens noch nicht
erfolgt ist, | **überlassen,**
so kann der andere Theil von dem Vertrage
abgehen, gleich als ob derselbe nicht geschlossen wäre. | **zurücktreten.**

II **Auf Erfordern des Verwalters muß der andere Theil** 2
demselben ohne Verzug erklären, ob er von dem Vertrage abgehen / **zurücktreten** **will. Unterläßt er dies, so kommen die Bestimmungen des §** 15 / **17** **zur Anwendung.**

§ 18a.)* — **§. 21.** § 21.

Hatte der Gemeinschuldner einen von ihm vermietheten 1
oder verpachteten Gegenstand dem Miether oder dem Pächter

*) Vergl. hierzu § 17 Nr. 2 der KO. a. F.

vor der Eröffnung des Verfahrens überlassen, so ist der Mieth- oder Pachtvertrag auch der Konkursmasse gegenüber wirksam.

Im Falle der Vermiethung oder der Verpachtung eines 2
Grundstücks, sowie im Falle der Vermiethung von Wohnräumen oder anderen Räumen ist jedoch eine Verfügung, die der Gemeinschuldner vor der Eröffnung des Verfahrens über den auf die spätere Zeit entfallenden Mieth- oder Pachtzins getroffen hat, insbesondere die Einziehung des Mieth- oder Pachtzinses, der Konkursmasse gegenüber nur insoweit wirksam, als sich die Verfügung auf den Mieth- oder Pachtzins für das zur Zeit der Eröffnung des Verfahrens laufende und das folgende Kalendervierteljahr bezieht. Soweit die Entrichtung des Mieth- oder Pachtzinses der Konkursmasse gegenüber wirksam ist, kann der Miether oder der Pächter gegen die Mieth- oder Pachtzinsforderung der Konkursmasse eine ihm gegen den Gemeinschuldner zustehende Forderung aufrechnen.

Eine von dem Konkursverwalter vorgenommene frei- 3
willige Veräußerung des von dem Gemeinschuldner vermietheten oder verpachteten Grundstücks wirkt, sofern das Grundstück dem Miether oder dem Pächter vor der Eröffnung des Verfahrens überlassen war, auf das Mieth- oder Pachtverhältniß wie eine Zwangsversteigerung.

§ 22. § 19. — *§ 19.* — §. **22.**

I Ein in dem Haushalte, Wirthschaftsbetriebe oder Er- 1
werbsgeschäfte des Gemeinschuldners angetretenes Dienstverhältniß kann von jedem Theile aufgekündigt / **gekündigt** werden. Die Frist und Zeit für die Kündigung / **Kündigungsfrist** ist, falls / **falls nicht** eine kürzere Frist oder nähere Zeit nicht / **Frist** bedungen war, die ge- / **ge-**
setzliche oder ortsübliche und in Ermangelung einer sol- / **setzliche.**

Gewöhnliche deutsche und fette deutsche Schrift = neue KO.

chen von dem Konkursgerichte auf Antrag des Kündigenden festzusetzen.

Kündigt der Verwalter, so ist der andere Theil be- 2
rechtigt, Ersatz des ihm durch die Aufhebung des Dienstverhältnisses entstehenden Schadens zu verlangen.

§ 19a. — §. 23. § 23.

Ein von dem Gemeinschuldner ertheilter Auftrag er- 1
lischt durch die Eröffnung des Verfahrens, es sei denn, daß der Auftrag sich nicht auf das zur Konkursmasse gehörige Vermögen bezieht. Erlischt der Auftrag, so finden die Vorschriften des § 672 Satz 2 und des § 674 des Bürgerlichen Gesetzbuchs entsprechende Anwendung.

Das Gleiche gilt, wenn sich Jemand durch einen Dienst- 2
vertrag oder Werkvertrag verpflichtet hat, ein ihm von dem Gemeinschuldner übertragenes Geschäft für diesen zu besorgen.

§ 19b. — §. 24. § 24.

Ist zur Sicherung eines Anspruchs auf Einräumung 1
oder Aufhebung eines Rechts an einem Grundstücke des Gemeinschuldners oder an einem für den Gemeinschuldner eingetragenen Rechte oder zur Sicherung eines Anspruchs auf Aenderung des Inhalts oder des Ranges eines solchen Rechts eine Vormerkung im Grundbuch eingetragen, so kann der Gläubiger von dem Konkursverwalter die Befriedigung seines Anspruchs verlangen. Das Gleiche gilt, wenn in Ansehung eines Schiffspfandrechts eine Vormerkung im Schiffsregister eingetragen ist.

§ 20. — *§ 20.* — §. 25. § 25.

1 Soweit rücksichtlich einzelner, durch die §§ 16—19 / 18—24 nicht 1
betroffener Rechtsverhältnisse die Reichsgesetze oder die Landesgesetze / das bürgerliche Recht besondere Bestimmungen über die Wirkung der Er-

Gewöhnliche deutsche und lateinische Schrift = alte KO.

öffnung des Konkursverfahrens enthalten / **enthält**, kommen diese Bestimmungen zur Anwendung.

§ 26. § 21. — *§ 21.* — **§. 26.**

1 Wenn in Folge der Eröffnung des Konkursverfahrens die Nichterfüllung einer Verbindlichkeit oder die Aufhebung eines Rechtsverhältnisses des Gemeinschuldners eintritt, so ist der andere Theil nicht berechtigt, die Rückgabe seiner in das Eigenthum des Gemeinschuldners übergegangenen Leistung aus der Konkursmasse zu verlangen. Er kann eine Forderung wegen der Nichterfüllung oder der Aufhebung nur als Konkursgläubiger geltend machen, soweit ihm nicht ein Anspruch auf abgesonderte Befriedigung zusteht. 1

§ 27. *§ 21a.* — **§. 27.**

Erlischt ein von dem Gemeinschuldner ertheilter Auftrag oder ein Dienst- oder Werkvertrag der im § 23 Abs. 2 bezeichneten Art in Folge der Eröffnung des Verfahrens, so ist der andere Theil in Ansehung der nach der Eröffnung des Verfahrens entstandenen Ersatzansprüche im Falle des § 672 Satz 2 des Bürgerlichen Gesetzbuchs Massegläubiger, im Falle des § 674 des Bürgerlichen Gesetzbuchs Konkursgläubiger. 1

§ 28. *§ 21b.* — **§. 28.**

Wird eine nach § 705 des Bürgerlichen Gesetzbuchs eingegangene Gesellschaft durch die Eröffnung des Konkursverfahrens über das Vermögen eines Gesellschafters aufgelöst, so ist der geschäftsführende Gesellschafter in Ansehung der Ansprüche, welche ihm aus der einstweiligen Fortführung der Geschäfte nach § 728 Satz 2 des Bürgerlichen Gesetzbuchs zustehen, Massegläubiger, in Ansehung der ihm nach § 729 des Bürgerlichen Gesetzbuchs zustehenden Ansprüche, unbeschadet der Bestimmung des § 51, Konkursgläubiger. 1

Gewöhnliche deutsche und fette deutsche Schrift = neue KO.

Dritter Titel.

Anfechtung.

§ 22. — *§ 22.* — §. **29.** § 29.

I Rechtshandlungen, welche vor der Eröffnung des Konkursverfahrens vorgenommen sind, können als den Konkursgläubigern gegenüber unwirksam nach Maßgabe der folgenden Bestimmungen angefochten werden. 1

§ 23. — *§ 23.* — §. **30.** § 30.

I Anfechtbar sind: 1

1. die nach der Zahlungseinstellung oder dem Antrage auf Eröffnung des Verfahrens von dem Gemeinschuldner eingegangenen Rechtsgeschäfte, durch deren Eingehung die Konkursgläubiger benachtheiligt werden, wenn dem anderen Theile zu der Zeit, als er das Geschäft einging, die Zahlungseinstellung oder der Eröffnungsantrag bekannt war; sowie die nach der Zahlungseinstellung oder dem Eröffnungsantrage erfolgten Rechtshandlungen, welche einem Konkursgläubiger Sicherung oder Befriedigung gewähren, wenn dem Gläubiger zu der Zeit, als die Handlung erfolgte, die Zahlungseinstellung oder der Eröffnungsantrag bekannt war;
2. die nach der Zahlungseinstellung oder dem Antrage auf Eröffnung des Verfahrens oder in den letzten zehn Tagen vor der Zahlungseinstellung oder dem Eröffnungsantrage erfolgten Rechtshandlungen, welche einem Konkursgläubiger eine Sicherung oder Befriedigung gewähren, die er nicht oder nicht in der Art oder nicht zu der Zeit zu beanspruchen hatte, sofern er nicht beweist, daß ihm zur Zeit der Handlung weder die Zahlungseinstellung und der Eröffnungsantrag, noch eine Absicht des Gemeinschuldners, ihn vor den übrigen Gläubigern zu begünstigen, bekannt war.

§ 24. — *§ 24.* — §. **31.** § 31.

I Anfechtbar sind: 1

1. Rechtshandlungen, welche der Gemeinschuldner in der dem

anderen Theile bekannten Absicht, seine Gläubiger zu benachtheiligen, vorgenommen hat;

2. die in dem letzten Jahre vor der Eröffnung des Verfahrens geschlossenen, entgeltlichen Verträge des Gemeinschuldners
   mit seinem Ehegatten, vor oder während der Ehe,
   mit seinen oder seines Ehegatten Verwandten in auf- und absteigender Linie, mit seinen oder seines Ehegatten voll- und halbbürtigen Geschwistern, oder mit dem Ehegatten einer dieser Personen,

sofern durch den Abschluß des Vertrages die Gläubiger des Gemeinschuldners benachtheiligt werden und der andere Theil nicht beweist, daß ihm zur Zeit des Vertragsabschlusses eine Absicht des Gemeinschuldners, die Gläubiger zu benachtheiligen, nicht bekannt war.

§ 32. § 25. — *§ 25.* — **§. 32.**

I Anfechtbar sind:

1. die in dem letzten Jahre vor der Eröffnung des Verfahrens von dem Gemeinschuldner vorgenommenen unentgeltlichen Verfügungen, sofern nicht dieselben gebräuchliche Gelegenheitsgeschenke zum Gegenstande hatten;
2. die in den letzten zwei Jahren vor der Eröffnung des Verfahrens / **Konkurses** von dem Gemeinschuldner vorgenommenen unentgeltlichen Verfügungen zu Gunsten seines Ehegatten ;/.

sowie eine innerhalb dieses Zeitraums von ihm bewirkte Sicherstellung oder Rückgewähr eines Heirathsguts oder des gesetzlich in seine Verwaltung gekommenen Vermögens seiner Ehefrau, sofern er nicht zu der Sicherstellung oder Rückgewähr durch das Gesetz oder durch einen vor diesem Zeitraume geschlossenen Vertrag verpflichtet war.

§ 33. § 26. — *§ 26.* — **§. 33.**

I Rechtshandlungen, welche früher als sechs Monate vor der Eröffnung des Verfahrens erfolgt sind, können aus dem Grunde einer Kenntnis der Zahlungseinstellung nicht angefochten werden.

Gewöhnliche deutsche und fette deutsche Schrift = neue KO.

§ 27. — *§ 27.* — **§. 34.** § 34.

I Wechselzahlungen des Gemeinschuldners können auf Grund 1
des § $\frac{23\ \text{Nr}\ 1}{\mathbf{30\ Nr.\ 1}}$ von dem Empfänger nicht zurückgefordert werden, wenn nach Wechselrecht der Empfänger bei Verlust des Wechselanspruchs gegen andere Wechselverpflichtete zur Annahme der Zahlung verbunden war.

II Die gezahlte Wechselsumme muß von dem letzten Wechsel- 2
regreßschuldner oder, falls derselbe den Wechsel für Rechnung eines Dritten begeben hatte, von diesem erstattet werden, wenn dem letzten Wechselregreßschuldner oder dem Dritten zu der Zeit, als er den Wechsel begab oder begeben ließ, einer der im § $\frac{23\ \text{Nr.}\ 1}{\mathbf{30\ Nr.\ 1}}$ erwähnten Umstände bekannt war.

§ 28. — *§ 28.* — **§. 35.** § 35.

I Die Anfechtung wird dadurch nicht ausgeschlossen, daß 1
für die anzufechtende Rechtshandlung ein vollstreckbarer Schuldtitel erlangt, oder daß dieselbe durch Zwangsvollstreckung oder durch Vollziehung eines Arrestes erwirkt worden ist.

§ 29. — *§ 29.* — **§. 36.** § 36.

I Das Anfechtungsrecht wird von dem Verwalter ausgeübt. 1

§ 30. — *§ 30.* — **§. 37.** § 37.

I Was durch die anfechtbare Handlung aus dem Vermögen 1
des Gemeinschuldners veräußert, weggegeben oder aufgegeben ist, muß zur Konkursmasse zurückgewährt werden.

II Der gutgläubige Empfänger einer unentgeltlichen Leistung 2
hat dieselbe nur soweit zurückzugewähren, als er durch sie bereichert ist.

§ 31. — *§ 31.* — **§. 38.** § 38.

I Die Gegenleistung ist aus der Konkursmasse zu erstatten, 1
soweit sie sich in derselben befindet, oder soweit die Masse um ihren Werth bereichert ist. Darüber hinaus kann ein Anspruch nur als Konkursforderung geltend gemacht werden.

§ 32. — *§ 32.* — **§. 39.** § 39.

I Wenn der Empfänger einer anfechtbaren Leistung das 1

Gewöhnliche deutsche und lateinische Schrift = alte KO.

Empfangene zurückgewährt, so tritt seine Forderung wieder in Kraft.

§ 40. § 33. — *§ 33.* — **§. 40.**

I Die gegen den Erblasser begründete Anfechtung findet gegen den Erben statt. 1

II Gegen einen anderen Rechtsnachfolger desjenigen, welchem gegenüber die anfechtbare Handlung vorgenommen ist, findet die gegen den **letzteren** begründete Anfechtung statt: 2

1. wenn ihm zur Zeit seines Erwerbes

bekannt war, dass der Gemeinschuldner die Rechtshandlung in der Absicht vorgenommen hatte, seine Gläubiger zu benachtheiligen;	**die Umstände, welche die Anfechtbarkeit des Erwerbes seines Rechtsvorgängers begründen, bekannt waren;**

2. wenn er zu den im § 24 Nr. 2 / **31 Nr. 2** genannten Personen gehört

und nicht beweist, dass er zur Zeit seines Erwerbes von den Umständen, welche die Anfechtung gegen den Rechtsvorgänger begründen, keine Kenntniss hatte.	**, es sei denn, daß ihm zur Zeit seines Erwerbes die Umstände, welche die Anfechtbarkeit des Erwerbes seines Rechtsvorgängers begründen, unbekannt waren;**

3. wenn ihm das Erlangte unentgeltlich zugewendet worden ist.

Im Falle des Abs. 2 Nr. 3 findet auf die Haftung des Rechtsnachfolgers die Bestimmung des § 37 Abs. 2 Anwendung. 3

§ 41. § 34. — *§ 34.* — **§. 41.**

I Das Anfechtungsrecht verjährt in einem Jahre / **Die Anfechtung kann nur binnen Jahresfrist** seit der Eröffnung des Verfahrens **erfolgen. Auf den Lauf der Frist finden die für die Verjährung geltenden Vorschriften des § 203 Abs. 2 und des § 207 des Bürgerlichen Gesetzbuchs entsprechende Anwendung. Die Anfechtung nach § 31 Nr. 1 ist** 1

Gewöhnliche deutsche und fette deutsche Schrift = neue KO.

ausgeschlossen, wenn seit der Vornahme der Handlung dreißig Jahre verstrichen sind.

Ist durch die anfechtbare Handlung eine Verpflichtung 2
des Gemeinschuldners zu einer Leistung begründet, so kann der Konkursverwalter die Leistung verweigern, auch wenn die Anfechtung nach Abs. 1 ausgeschlossen ist.

§ 34a. — § 42. § 42.

Die Vorschriften über die Anfechtung der vor der Er- 1
öffnung des Verfahrens vorgenommenen Rechtshandlungen gelten auch für die Anfechtung von Rechtshandlungen, die nach der Eröffnung des Verfahrens vorgenommen worden sind, sofern diese nach den §§ 892, 893 des Bürgerlichen Gesetzbuchs den Konkursgläubigern gegenüber wirksam sind. Die Frist für die Ausübung des Anfechtungsrechts beginnt mit der Vornahme der Rechtshandlung.

Vierter Titel.
Aussonderung.

§ 35. — *§ 35.* — §. 43. § 43.

I Die Ansprüche auf Aussonderung eines dem Gemein- 1
schuldner nicht gehörigen Gegenstandes aus der Konkursmasse auf Grund eines dinglichen oder persönlichen Rechts bestimmen sich nach den außerhalb des Konkursverfahrens geltenden Gesetzen.

§ 36. — *§ 36.* — §. 44. § 44.

I Der Verkäufer oder Einkaufskommissionär kann Waaren, 1
welche von einem anderen Orte an den Gemeinschuldner abgesendet und von dem Gemeinschuldner noch nicht vollständig bezahlt sind, zurückfordern, sofern nicht dieselben schon vor der Eröffnung des Verfahrens an dem Orte der Ablieferung angekommen und in den Gewahrsam des Gemeinschuldners oder einer anderen Person für ihn gelangt sind.

II Die Bestimmungen des § $\frac{15}{17}$ finden Anwendung. 2

§ 37. — *§ 37.* — §. 45. § 45.

I Die Ehefrau des Gemeinschuldners kann Gegenstände, 1

welche sie während der Ehe erworben hat, nur in Anspruch nehmen, wenn sie beweist, daß dieselben nicht mit Mitteln des Gemeinschuldners erworben sind.

§ 46. § 38. — *§ 38.* — **§. 46.**

I Sind Gegenstände, deren Aussonderung aus der Konkurs- 1
masse hätte beansprucht werden können, vor der Eröffnung des Verfahrens von dem Gemeinschuldner oder nach der Eröffnung des Verfahrens von dem Verwalter veräußert worden, so ist der Aussonderungsberechtigte befugt, die Abtretung des Rechts auf die Gegenleistung, soweit diese noch aussteht, zu verlangen. Er kann die Gegenleistung aus der Masse beanspruchen, soweit sie nach der Eröffnung des Verfahrens zu derselben eingezogen worden ist.

Fünfter Titel.

Absonderung.

§ 47. § 39. — *§ 39.* — **§. 47.**

I Zur abgesonderten Befriedigung dienen die Gegenstände, 1
welche $\frac{\text{in Ansehung der}}{\textbf{der}}$ Zwangsvollstreckung $\frac{\text{zum unbeweglichen Vermögen gehören, insoweit ein dingliches oder}}{\textbf{in das unbewegliche Vermögen unterliegen, für diejenigen, welchen ein Recht}}$ $\frac{\text{sonstiges Recht auf vorzugsweise}}{\textbf{auf}}$ Befriedigung aus denselben $\frac{\text{besteht.}}{\textbf{zusteht.}}$

II Den Umfang der Immobiliarmasse, sowie den Umfang und die Rangordnung der aus derselben zu berichtigenden Ansprüche bestimmen die Reichsgesetze und Landesgesetze.

§ 48. § 40. — *§ 40.* — **§. 48.**

I Gläubiger, welche an $\frac{\text{einer beweglichen körperlichen}}{\textbf{einem zur Konkursmasse gehör-}}$ 1

Gewöhnliche deutsche und fette deutsche Schrift = neue KO.

Sache, an einer Forderung oder an einem anderen Vermögensrechte des Gemeinschuldners ein Faustpfandrecht

igen Gegenstand ein durch Rechtsgeschäft bestelltes Pfandrecht

haben, können aus den ihnen verpfändeten Gegenständen abgesonderte Befriedigung wegen ihrer Pfandforderung verlangen, zunächst wegen der Kosten, dann wegen der Zinsen, zuletzt wegen des Kapitals.

§. 41. — *§ 41.* — **§. 49.** **§ 49.**

1 Den Faustpfandgläubigern **im § 48 bezeichneten Pfandgläubigern** stehen gleich: 1

1. die Reichskasse, die Staatskassen und die Gemeinden, sowie die Amts-, Kreis- und Provinzialverbände wegen öffentlicher Abgaben, in Ansehung der zurückgehaltenen oder in Beschlag genommenen zoll- und steuerpflichtigen Sachen;

2. Verpächter wegen des laufenden und des rückständigen Zinses, sowie wegen anderer Forderungen aus dem Pachtverhältnisse, in Ansehung der Früchte des Grundstücks und der eingebrachten Sachen, sofern die Früchte oder Sachen sich noch auf dem Grundstücke befinden;

3. Pächter in Ansehung des in ihrem Gewahrsam befindlichen Inventars wegen der Forderungen für dieses;

2. diejenigen, welche an gewissen Gegenständen ein gesetzliches oder ein durch Pfändung erlangtes Pfandrecht haben; das dem Vermiether und dem Verpächter nach den §§ 559, 581, 585 des Bürger-

4.*) Vermieter in Ansehung der eingebrachten Sachen, sofern die Sachen sich noch auf dem Grundstücke befinden, wegen des laufenden und des für das letzte Jahr vor der Eröffnung des Verfahrens rückständigen Zinses, sowie wegen anderer Forderungen aus dem Mietverhältnisse, jedoch mit der Einschränkung, dass dem Vermieter, soweit er eine solche Forderung infolge der Kündigung des Verwalters (§ 17 Nr. 1) geltend machen kann, wegen dieser Forderung der Anspruch auf abgesonderte Befriedigung nicht zusteht.

5. Gastwirte wegen ihrer Forderungen für Wohnung und Bewirtung des Gastes, in Ansehung der von demselben eingebrachten, von ihnen zuzückbehaltenen Sachen;

6. Künstler, Werkmeister, Handwerker und Arbeiter wegen ihrer Forder-

lichen Gesetzbuchs zustehende Pfandrecht kann in Ansehung des Mieth- oder Pachtzinses für eine frühere Zeit als das letzte Jahr vor der Eröffnung des Verfahrens, sowie in Ansehung des dem Vermiether oder dem Verpächter in Folge der Kündigung des Verwalters entstehenden Entschädigungsanspruchs nicht geltend gemacht werden; das Pfandrecht des Verpächters eines landwirthschaftlichen Grundstücks

*) Fassung nach Gesetz vom 9. Mai 1894. Der ältere Text lautete:
4. Vermiether wegen des laufenden und des für das letzte Jahr vor der Eröffnung des Verfahrens rückständigen Zinses, sowie wegen anderer Forderungen aus dem Miethverhältnisse, in Ansehung der eingebrachten Sachen, sofern die Sachen sich noch auf dem Grundstücke befinden;

ungen für Arbeit und Auslagen, in Ansehung der von ihnen gefertigten oder ausgebesserten, noch in ihrem Gewahrsam befindlichen Sachen; | **unterliegt in Ansehung des Pachtzinses der Beschränkung nicht;**

3./7. diejenigen, welche etwas zum Nutzen einer Sache verwendet haben, wegen des, den noch vorhandenen Vortheil nicht übersteigenden Betrages ihrer Forderung aus der Verwendung, in Ansehung der zurückbehaltenen Sache;

4./8. diejenigen, denen / **welchen** nach dem Handelsgesetzbuche an / **in** gewissen Gegenständen / **Ansehung gewisser Gegenstände** ein Pfandrecht oder Zurückbehaltungsrecht zusteht, in Ansehung dieser Gegenstände; / **Zurückbehaltungsrecht zusteht.**

9. diejenigen, welche durch Pfändung ein Pfandrecht erlangt haben, in Ansehung der gepfändeten Gegenstände*).

Die im Abs. 1 Nr. 1 bezeichneten Rechte gehen den im Abs. 1 Nr. 2—4 und den im § 48 bezeichneten Rechten vor. 2

§ 42. — *§ 42.* — **§. 50.** **§ 50.**

1 Wer nach der Eröffnung des Konkursverfahrens oder mit Kenntniß des Eröffnungsantrages oder der Zahlungseinstellung eine Konkursforderung dem im Auslande wohnenden Inhaber eines zur Konkursmasse gehörigen Gegenstandes oder in der Absicht, daß dieser die Forderung erwerbe, einer Mittelsperson abtritt, ist verpflichtet, zur Konkursmasse den Betrag zu ersetzen, welcher derselben dadurch entgeht, daß der Inhaber für die Forderung nach dem Rechte des Auslandes entgegen den Bestimmungen dieses Gesetzes ein Absonderungsrecht an dem Gegenstande ausübt. Die Vorschrift des § 26/**33** findet entsprechende Anwendung. 1

*) Vergl. nunmehr die Nr. 2 neuer Fassung.

Gewöhnliche deutsche und lateinische Schrift = alte KO.

§ 43.

I Hatte der Gemeinschuldner vor der Eröffnung des Konkursverfahrens eine Erbschaft erworben, so können die Nachlassgläubiger und Vermächtnissnehmer abgesonderte Befriedigung aus den bei der Eröffnung vorhandenen Nachlassgegenständen verlangen, soweit ihnen ein Absonderungsanspruch nach den Bestimmungen der Landesgesetze zusteht.

§ 51. § 44. — *§ 44.* — **§. 51.**

I **Wer sich mit dem Gemeinschuldner in einem Miteigenthume, in einer Gesellschaft oder in einer anderen Gemeinschaft befindet, kann wegen der auf ein solches Verhältniß sich gründenden Forderungen abgesonderte Befriedigung aus dem bei der Theilung oder sonstigen Auseinandersetzung ermittelten Antheile des Gemeinschuldners verlangen.** 1

§ 52. § 45. — *§ 45.* — **§. 52.**

I **Die Befriedigung der Lehen-, Stammguts- oder Familienfideikommiß-Gläubiger erfolgt abgesondert aus dem Lehen-Stammgute oder Familienfideikommisse nach den Vorschriften der Landesgesetze.** 1

Sechster Titel.

Aufrechnung.

§ 53. § 46. — *§ 46.* — **§. 53.**

I **Soweit ein Gläubiger zu einer Aufrechnung befugt ist, braucht er seine Forderung im Konkursverfahren nicht geltend zu machen.** 1

§ 54. § 47. — *§ 47.* — **§. 54.**

I **Die Aufrechnung wird nicht dadurch ausgeschlossen, daß zur Zeit der Eröffnung des Verfahrens die aufzurechnenden Forderungen oder die eine von ihnen noch betagt oder noch bedingt war, oder die Forderung des Gläubigers nicht auf einen Geldbetrag gerichtet war.** 1

II **Eine betagte Forderung des Gläubigers ist zum Zwecke der Aufrechnung nach der Vorschrift des § $\frac{58}{65}$ zu berechnen.** 2

Gewöhnliche deutsche und fette deutsche Schrift = neue KO.

III Zum Zwecke der Aufrechnung einer aufschiebend bedingten Forderung bei dem Eintritte der Bedingung kann der Gläubiger Sicherstellung insoweit verlangen, als die Forderung der von ihm einzuzahlenden Schuld gleichkommt. 3

IV Eine nicht auf Geld gerichtete Forderung des Gläubigers ist zum Zwecke der Aufrechnung nach den Vorschriften der §§ $\frac{62,\ 63}{\mathbf{69,\ 70}}$ zu berechnen. 4

§ 48. — *§ 48.* — §. 55. § 55.

I Eine Aufrechnung im Konkursverfahren ist unzulässig: 1

1. wenn Jemand vor oder nach der Eröffnung des Verfahrens eine Forderung an den Gemeinschuldner erworben hat und nach der Eröffnung etwas zur Masse schuldig geworden ist;
2. wenn Jemand dem Gemeinschuldner vor der Eröffnung des Verfahrens etwas schuldig war und nach derselben eine Forderung an den Gemeinschuldner erworben hat, auch wenn diese Forderung vor der Eröffnung für einen anderen Gläubiger entstanden war;
3. wenn Jemand vor der Eröffnung des Verfahrens dem Gemeinschuldner etwas schuldig war und eine Forderung an den Gemeinschuldner durch ein Rechtsgeschäft mit demselben oder durch Rechtsabtretung oder Befriedigung eines Gläubigers erworben hat, falls ihm zur Zeit des Erwerbes bekannt war, daß der Gemeinschuldner seine Zahlungen eingestellt hatte, oder daß die Eröffnung des Verfahrens beantragt war. Die Vorschrift des § $\frac{26}{\mathbf{33}}$ findet entsprechende Anwendung.

II Die Aufrechnung ist zulässig, wenn der Erwerber zur Uebernahme der Forderung oder zur Befriedigung des Gläubigers verpflichtet war und zu der Zeit, als er die Verpflichtung einging, weder von der Zahlungseinstellung noch von dem Eröffnungsantrage Kenntniß hatte. 2

Gewöhnliche deutsche und lateinische Schrift = alte KO.

§ 56. § 49. — *§ 49.* — **§. 56.**

I Die Bestimmung des § $\frac{42}{50}$ findet entsprechende Anwendung auf den Fall, daß ein im Auslande wohnender Schuldner nach dem Rechte des Auslandes eine nach § $\frac{48}{55}$ unzulässige Aufrechnung mit der ihm abgetretenen Konkursforderung vornimmt. 1

Siebenter Titel.

Massegläubiger.

§ 57. § 50. — *§ 50.* — **§. 57.**

I **Aus der Konkursmasse sind die Massekosten und Masseschulden vorweg zu berichtigen.** 1

§ 58. § 51. — *§ 51.* — **§. 58.**

I Massekosten sind: 1

1. die gerichtlichen Kosten für das gemeinschaftliche Verfahren;
2. die Ausgaben für die Verwaltung, Verwerthung und Vertheilung der Masse;
3. die dem Gemeinschuldner und dessen Familie bewilligte Unterstützung.

§ 59. § 52. — *§ 52.* — **§. 59.**

I Masseschulden sind: 1

1. die Ansprüche, welche aus Geschäften oder Handlungen des Konkursverwalters entstehen;
2. die Ansprüche aus **zweiseitigen Verträgen**, deren Erfüllung zur **Konkursmasse** verlangt wird oder für die Zeit nach der Eröffnung des Verfahrens erfolgen muß;
3. die Ansprüche aus einer rechtlosen Bereicherung der Masse.

§ 60. § 53. — *§ 53.* — **§. 60.**

I Sobald sich herausstellt, daß die Konkursmasse zur vollständigen Befriedigung aller Massegläubiger nicht ausreicht, tritt eine verhältnißmäßige Befriedigung derselben in der Weise ein, daß zunächst die Masseschulden, dann die Massekosten, von diesen zuerst die baaren Auslagen und zuletzt die dem Gemein- 1

Gewöhnliche deutsche und fette deutsche Schrift = neue KO.

schuldner und dessen Familie bewilligte Unterstützung zu berichtigen sind.

Achter Titel.

Konkursgläubiger.

§ 54. — *§ 54.* — **§. 61.** § 61

1 Die Konkursforderungen werden nach folgender Rangordnung, bei gleichem Range nach Verhältniß ihrer Beträge, berichtigt: 1

1. die für das letzte Jahr vor der Eröffnung des Verfahrens oder dem Ableben des Gemeinschuldners rückständigen Forderungen an Lohn, Kostgeld oder anderen Dienstbezügen der Personen, welche sich dem Gemeinschuldner für dessen Haushalt, Wirthschaftsbetrieb oder Erwerbsgeschäft $\frac{\text{zu dauerndem Dienste}}{\text{zur Leistung von Diensten}}$ verdungen hatten;
2. die Forderungen der Reichskasse, der Staatskassen und der Gemeinden, sowie der Amts-, Kreis- und Provinzialverbände wegen öffentlicher Abgaben, welche im letzten Jahre vor der Eröffnung des Verfahrens fällig geworden sind oder nach § $\frac{58}{65}$ als fällig gelten; es macht hierbei keinen Unterschied, ob der Steuererheber die Abgabe bereits vorschußweise zur Kasse entrichtet hat;
3. die Forderungen der Kirchen und Schulen, der öffentlichen Verbände und der öffentlichen, zur Annahme der Versicherung verpflichteten Feuerversicherungsanstalten wegen der nach Gesetz oder Verfassung zu entrichtenden Abgaben und Leistungen aus dem letzten Jahre vor der Eröffnung des Verfahrens;
4. die Forderungen der Aerzte, Wundärzte, Thierärzte, Apotheker, Hebammen und Krankenpfleger wegen Kur- und Pflegekosten aus dem letzten Jahre vor der Eröffnung des Verfahrens, insoweit der Betrag der Forderungen den Betrag der taxmäßigen Gebührnisse nicht übersteigt;
5. die Forderungen der Kinder, der Mündel und der Pflege-

Gewöhnliche deutsche und lateinische Schrift = alte KO.

befohlenen des Gemeinschuldners in Ansehung ihres gesetzlich der Verwaltung desselben unterworfenen Vermögens; das Vorrecht steht ihnen nicht zu, wenn die Forderung nicht binnen zwei Jahren nach Beendigung der Vermögensverwaltung gerichtlich geltend gemacht und bis zur Eröffnung des Verfahrens verfolgt worden ist;

6. alle übrigen Konkursforderungen.

§ 62. § 55. — *§ 55.* — §. **62.**

I Mit der Kapitalsforderung werden an derselben Stelle angesetzt: 1

1. die Kosten, welche dem Gläubiger vor der Eröffnung des Verfahrens erwachsen sind;
2. die Vertragsstrafen;
3. die bis zur Eröffnung des Verfahrens aufgelaufenen Zinsen.

§ 63. § 56. — *§ 56.* — §. **63.**

I Im Konkursverfahren können nicht geltend gemacht werden: 1

1. die seit der Eröffnung des Verfahrens laufenden Zinsen;
2. die Kosten, welche den einzelnen Gläubigern durch ihre Theilnahme an dem Verfahren erwachsen;
3. Geldstrafen;
4. Forderungen aus einer Freigebigkeit des Gemeinschuldners unter Lebenden oder von Todeswegen.

§ 64. § 57. — *§ 57.* — §. **64.**

I Ein Gläubiger, welcher abgesonderte Befriedigung beansprucht, kann die Forderung, wenn der Gemeinschuldner auch persönlich für sie haftet, zur Konkursmasse geltend machen, aus derselben aber nur für den Betrag verhältnißmäßige Befriedigung verlangen, zu welchem er auf abgesonderte Befriedigung verzichtet, oder mit welchem er bei der letzteren ausgefallen ist. 1

§ 65. § 58. — *§ 58.* — §. **65.**

I Betagte Forderungen gelten als fällig. 1

II Eine betagte unverzinsliche Forderung vermindert sich auf den Betrag, welcher mit Hinzurechnung der gesetzlichen Zinsen 2 desselben für die Zeit von der Eröffnung des Verfahrens bis zur Fälligkeit dem vollen Betrage der Forderung gleichkommt.

§ 59. — *§ 59.* — **§. 66.** § 66.

I Forderungen unter auflösender Bedingung werden wie unbedingte geltend gemacht. 1

§ 60. — *§ 60.* — **§. 67.** § 67.

I Forderungen unter aufschiebender Bedingung berechtigen nur zu einer Sicherung. 1

§ 61. — *§ 61.* — **§. 68.** § 68.

I Wird über das Vermögen mehrerer oder einer von mehreren Personen, welche neben einander für dieselbe Leistung auf das Ganze haften, das Konkursverfahren eröffnet, so kann der Gläubiger bis zu seiner vollen Befriedigung in jedem Verfahren den Betrag geltend machen, den er zur Zeit der Eröffnung des Verfahrens zu fordern hatte. 1

§ 62. — *§ 62.* — **§. 69.** § 69.

I Forderungen, welche nicht auf einen Geldbetrag gerichtet sind, oder deren Geldbetrag unbestimmt oder ungewiß oder nicht in Reichswährung festgesetzt ist, sind nach ihrem Schätzungswerthe in Reichswährung geltend zu machen. 1

§ 63. — *§ 63.* — **§. 70.** § 70.

I Wiederkehrende Hebungen zu einem bestimmten Betrage und von einer bestimmten Zeitdauer werden unter Abrechnung der Zwischenzinsen (§ $\frac{58)}{65)}$ durch Zusammenzählung der einzelnen Hebungen kapitalisirt. Der Gesammtbetrag darf den zum gesetzlichen Zinssatze kapitalisirten Betrag derselben nicht übersteigen. 1

Zweites Buch.

Konkursverfahren.

Erster Titel.

Allgemeine Bestimmungen.

§ 64. — *§ 64.* — **§. 71.** § 71.

I Für das Konkursverfahren ist das Amtsgericht aus- 1

schließlich zuständig, bei welchem der Gemeinschuldner seine **gewerbliche Niederlassung oder in Ermangelung einer solchen** seinen allgemeinen Gerichtsstand hat.

II Sind mehrere Gerichte zuständig, so schließt dasjenige, 2
bei welchem zuerst die Eröffnung des Verfahrens beantragt worden ist, die übrigen aus.

§ 72. § 65. — *§ 65.* — **§. 72.**

I Die Vorschriften der Civilprozeßordnung finden, soweit 1
nicht aus den Bestimmungen dieses Gesetzes sich Abweichungen ergeben, auf das Konkursverfahren entsprechende Anwendung.

§ 73. § 66. — *§ 66.* — **§. 73.**

I Die Entscheidungen im Konkursverfahren können ohne 1
vorgängige mündliche Verhandlung erfolgen.

II Die Zustellung geschieht von Amtswegen. 2

III Gegen die Entscheidungen im Konkursverfahren findet, 3
soweit dieses Gesetz nicht ein Anderes bestimmt, die sofortige Beschwerde statt.

§ 74. *§ 66 a.* — **§. 74.**

Die Entscheidung des Beschwerdegerichts wird erst mit 1
der Rechtskraft wirksam. Das Beschwerdegericht kann jedoch die sofortige Wirksamkeit der Entscheidung anordnen.

§ 75. § 67. — *§ 67.* — **§. 75.**

I Das Konkursgericht kann zur Aufklärung aller das Ver- 1
fahren betreffenden Verhältnisse die erforderlichen Ermittelungen, insbesondere die Vernehmung von Zeugen und Sachverständigen anordnen.

§ 76. § 68. — *§ 68.* — **§. 76.**

I Die öffentlichen Bekanntmachungen erfolgen durch min- 1
destens einmalige Einrückung in das zur Veröffentlichung amtlicher Bekanntmachungen des Gerichts bestimmte Blatt; die Einrückung kann auszugsweise geschehen. Die Bekanntmachung gilt als bewirkt mit dem Ablaufe des zweiten Tages nach der Ausgabe des die Einrückung oder die erste Einrückung enthaltenden Blattes.

II Das Gericht kann weitere Bekanntmachungen anordnen. 2

Gewöhnliche deutsche und fette deutsche Schrift = neue KO.

III Die öffentliche Bekanntmachung gilt als Zustellung an alle Betheiligten, auch wenn dieses Gesetz neben ihr eine besondere Zustellung vorschreibt. 3

§ 69. — *§ 69.* — **§. 77.** § 77.

I Wenn neben der öffentlichen Bekanntmachung eine besondere Zustellung vorgeschrieben ist, so kann dieselbe durch Aufgabe zur Post bewirkt werden. Einer Beglaubigung der Abschrift des zuzustellenden Schriftstücks bedarf es nicht. 1

II Die dem Verwalter obliegenden Mittheilungen können unmittelbar und ohne besondere Form geschehen. 2

§ 70. — *§ 70.* — **§. 78.** § 78.

I Der Konkursverwalter wird von dem Gerichte ernannt. 1

II Das Gericht kann demselben die Leistung einer Sicherheit auferlegen. 2

§ 71. — *§ 71.* — **§. 79.** § 79.

I Wenn die Verwaltung verschiedene Geschäftszweige umfaßt, so können mehrere Konkursverwalter ernannt werden. Jeder von ihnen ist in seiner Geschäftsführung selbständig. 1

§ 72. — *§ 72.* — **§. 80.** § 80.

I In der auf die Ernennung eines Verwalters folgenden Gläubigerversammlung können die Konkursgläubiger statt des Ernannten eine andere Person wählen. Das Gericht kann die Ernennung des Gewählten versagen. 1

§ 73. — *§ 73.* — **§. 81.** § 81.

I Der Name des Verwalters ist öffentlich bekannt zu machen. 1

II Dem Verwalter ist eine urkundliche Bescheinigung seiner Ernennung zu ertheilen. Er hat dieselbe bei der Beendigung seines Amts dem Gerichte zurückzureichen. 2

§ 74. — *§ 74.* — **§. 82.** § 82.

I Der Verwalter hat die Sorgfalt eines ordentlichen Hausvaters anzuwenden. / **ist für die Erfüllung der ihm obliegenden Pflichten allen Betheiligten verantwortlich.** 1

Gewöhnliche deutsche und lateinische Schrift — alte KO.

§ 75. — *§ 75.* — **§. 83.**

I Der Verwalter steht unter der Aufsicht des Konkurs- 1
gerichts.

§ 84. § 76. — *§ 76.* — **§. 84.**

I Das Gericht kann gegen den Verwalter Ordnungsstrafen 1
bis zu zweihundert Mark festsetzen. Es kann denselben vor der auf seine Ernennung folgenden Gläubigerversammlung von Amtswegen, später nur auf Antrag der Gläubigerversammlung oder des Gläubigerausschusses seines Amts entlassen.

II Vor der Entscheidung ist der Verwalter zu hören. 2

§ 85. § 77. — *§ 77.* — **§. 85.**

I Der Verwalter hat Anspruch auf Erstattung angemessener 1
baarer Auslagen und auf Vergütung für seine Geschäftsführung. Die Festsetzung der Auslagen und der Vergütung erfolgt durch das Konkursgericht.

Die Landesjustizverwaltung kann für die dem Verwalter 2
zu gewährende Vergütung allgemeine Anordnungen treffen.

§ 86. § 78. — *§ 78.* — **§. 86.**

I Der Verwalter hat bei der Beendigung seines Amts einer 1
Gläubigerversammlung Schlußrechnung zu legen. Die Rechnung muß mit den Belegen und, wenn ein Gläubigerausschuß bestellt ist, mit dessen Bemerkungen spätestens drei Tage vor dem Termine auf der Gerichtsschreiberei zur Einsicht der Betheiligten niedergelegt werden. Der Gemeinschuldner, jeder Konkursgläubiger und der nachfolgende Verwalter sind berechtigt, Einwendungen gegen die Rechnung zu erheben. Soweit in dem Termine Einwendungen nicht erhoben werden, gilt die Rechnung als anerkannt.

§ 87. § 79. — *§ 79.* — **§. 87.**

I Vor der ersten Gläubigerversammlung kann das Gericht 1
aus der Zahl der Gläubiger oder der Vertreter von Gläubigern einen Gläubigerausschuß bestellen.

II Die Gläubigerversammlung hat über die Bestellung eines 2
Gläubigerausschusses zu beschließen. Die Mitglieder des Gläubigerausschusses sind von der Gläubigerversammlung zu

---

Gewöhnliche deutsche und fette deutsche Schrift = neue KO.

wählen. Zu Mitgliedern können Gläubiger oder andere Personen gewählt werden.

§ 80. — *§ 80.* — **§. 88.** § 88.

I Die Mitglieder des Gläubigerausschusses haben den Ver- 1
walter bei seiner Geschäftsführung zu unterstützen und zu überwachen. Dieselben können sich von dem Gange der Geschäfte unterrichten, die Bücher und Schriften des Verwalters einsehen und den Bestand seiner Kasse untersuchen.

II Der Gläubigerausschuß ist berechtigt, von dem Verwalter 2
Berichterstattung über die Lage der Sache und die Geschäftsführung zu verlangen. Er ist verpflichtet, die Untersuchung der Kasse des Verwalters wenigstens einmal in jedem Monate durch ein Mitglied vornehmen zu lassen.

§ 81. — *§ 81.* — **§. 89.** § 89.

I Die Mitglieder des Gläubigerausschusses haben die / **sind für die** 1
Sorgfalt eines ordentlichen Hausvaters anzuwenden.
Erfüllung der ihnen obliegenden Pflichten allen Betheiligten verantwortlich.

§ 82. — *§ 82.* — **§. 90.** § 90.

I Ein Beschluß des Gläubigerausschusses ist gültig, wenn 1
die Mehrheit der Mitglieder an der Beschlußfassung Theil genommen hat, und der Beschluß mit absoluter Mehrheit der abgegebenen Stimmen gefaßt ist.

§ 83. — *§ 83.* — **§. 91.** § 91.

I Die Mitglieder des Gläubigerausschusses haben Anspruch 1
auf Erstattung angemessener baarer Auslagen und auf Vergütung für ihre Geschäftsführung.

In Ermangelung einer Einigung mit der Gläubigerversammlung erfolgt die	**Die**

Festsetzung der Auslagen und der Vergütung

	erfolgt nach Anhörung der Gläubigerversammlung

durch das Konkursgericht.

Die Landesjustizverwaltung kann für die den Mitgliedern des Gläubigerausschusses zu gewährende Vergütung allgemeine Anordnungen treffen. 2

§ 92. § 84. — *§ 84.* — §. **92.**

I Die durch das Gericht erfolgte Bestellung zum Mitgliede des Gläubigerausschusses kann von dem Gerichte, die durch die Gläubigerversammlung erfolgte Bestellung zum Mitgliede des Gläubigerausschusses durch Beschluß der Gläubigerversammlung widerrufen werden. 1

§ 93. § 85. — *§ 85.* — §. **93.**

I Ueber die Berufung der Gläubigerversammlung beschließt das Gericht. Die Berufung muß erfolgen, wenn sie von dem Verwalter, dem Gläubigerausschusse oder von mindestens fünf Konkursgläubigern, deren Forderungen nach der Schätzung des Gerichts den fünften Theil der Schuldenmasse erreichen, beantragt wird. 1

II Die Berufung muß öffentlich bekannt gemacht werden. Der öffentlichen Bekanntmachung bedarf es nicht, wenn in einer Gläubigerversammlung eine Vertagung der Verhandlung angeordnet wird. 2

§ 94. § 86. — *§ 86.* — §. **94.**

I Die Gläubigerversammlung findet unter der Leitung des Gerichts statt. 1

II Die Beschlüsse der Gläubigerversammlung werden mit absoluter Mehrheit der Stimmen gefaßt. Für die Wahl der Mitglieder des Gläubigerausschusses genügt relative Mehrheit der Stimmen. 2

III Die Stimmenmehrheit ist nach den Forderungsbeträgen zu berechnen. Bei Gleichheit der Summen entscheidet die Zahl der Gläubiger. 3

§ 95. § 87. — *§ 87.* — §. **95.**

I Zur Theilnahme an den Abstimmungen berechtigen die festgestellten Konkursforderungen. In Ansehung einer streitig gebliebenen Forderung wird bei der Prüfung mit den Parteien erörtert, ob und zu welchem Betrage ein bleibendes 1

Gewöhnliche deutsche und fette deutsche Schrift = neue KO.

Stimmrecht für dieselbe zu gewähren ist. In Ermangelung einer Einigung entscheidet das Konkursgericht. Das Gericht kann die Entscheidung auf den weiteren Antrag einer Partei abändern.

II Ob und zu welchem Betrage nicht geprüfte Konkurs- 2
forderungen zum Stimmen in einer Gläubigerversammlung berechtigen, entscheidet auf den Widerspruch eines Konkursgläubigers oder des Verwalters das Gericht.

III Eine Anfechtung der Entscheidungen findet nicht statt. 3

§ 88. — *§ 88.* — **§. 96.** § 96.

I Ob und zu welchem Betrage Forderungen, für welche 1
abgesonderte Befriedigung beansprucht wird, in Ansehung ihres muthmaßlichen Ausfalls, sowie Konkursforderungen unter aufschiebender Bedingung zum Stimmen in einer Gläubigerversammlung berechtigen, entscheidet auf den Widerspruch eines Konkursgläubigers oder des Verwalters das Gericht.

II Eine Anfechtung der Entscheidung findet nicht statt. 2

§ 89. — *§ 89.* — **§. 97.** § 97.

I Gezählt werden nur die Stimmen der in der Gläubiger- 1
versammlung erschienenen Gläubiger. Die nicht erschienenen Gläubiger sind an die Beschlüsse gebunden.

§ 90. — *§ 90.* — **§. 98.** § 98.

I Der Gegenstand, über welchen in der Gläubigerversamm- 1
lung ein Beschluß gefaßt werden soll, muß bei der Berufung derselben öffentlich bekannt gemacht werden.

§ 91. — *§ 91.* — **§. 99.** § 99.

I Das Gericht hat die Ausführung eines von der Gläu- 1
bigerversammlung gefaßten Beschlusses auf den in der Gläubigerversammlung gestellten Antrag des Verwalters oder eines überstimmten Gläubigers zu untersagen, wenn der Beschluß dem gemeinsamen Interesse der Konkursgläubiger widerspricht.

§ 92. — *§ 92.* — **§. 100.** § 100.

I Der Gemeinschuldner ist verpflichtet, dem Verwalter, dem 1
Gläubigerausschusse und auf Anordnung des Gerichts der Gläubigerversammlung über alle das Verfahren betreffenden Verhältnisse Auskunft zu geben.

Gewöhnliche deutsche und lateinische Schrift = alte KO. 4

§ 101. § 93. — *§ 93.* — **§. 101.**

I Der Gemeinschuldner darf sich von seinem Wohnorte nur mit Erlaubniß des Gerichts entfernen. 1

II Das Gericht kann die zwangsweise Vorführung und nach Anhörung des Gemeinschuldners die Haft desselben anordnen, wenn er die ihm von dem Gesetze auferlegten Pflichten nicht erfüllt, oder wenn es zur Sicherung der Masse nothwendig erscheint. 2

Zweiter Titel.

Eröffnungsverfahren.

§ 102. § 94. — *§ 94.* — **§. 102.**

I Die Eröffnung des Konkursverfahrens setzt die Zahlungsunfähigkeit des Gemeinschuldners voraus. 1

II Zahlungsunfähigkeit ist insbesondere anzunehmen, wenn Zahlungseinstellung erfolgt ist. 2

§ 103. § 95. — *§ 95.* — **§. 103.**

I Das Verfahren kann nur auf Antrag eröffnet werden. 1

II Zu dem Antrage ist der Gemeinschuldner und jeder Konkursgläubiger berechtigt. 2

§ 104. § 96. — *§ 96.* — **§. 104.**

I Beantragt der Gemeinschuldner die Eröffnung des Verfahrens, so hat er ein Verzeichniß der Gläubiger und Schuldner, sowie eine Uebersicht der Vermögensmasse bei Stellung des Antrags einzureichen, oder, wenn dies nicht thunlich ist, ohne Verzug nachzuliefern. 1

§ 105. § 97. — *§ 97.* — **§. 105.**

I Der Antrag eines Gläubigers auf Eröffnung des Verfahrens ist zuzulassen, wenn die Forderung des Gläubigers und die Zahlungsunfähigkeit des Gemeinschuldners glaubhaft gemacht werden. 1

II Wird der Antrag zugelassen, so hat das Gericht den Schuldner zu hören und, sofern dieser nicht seine Zahlungsunfähigkeit oder Zahlungseinstellung einräumt, die erforderlichen Ermittelungen anzuordnen. 2

III Die Anhörung des Schuldners kann unterbleiben, wenn 3

sie eine öffentliche Zustellung oder eine Zustellung im Aus-
lande erfordert; in diesem Falle ist, soweit thunlich, ein Ver-
treter oder Angehöriger des Schuldners zu hören.

§ 98. — *§ 98.* — **§. 106.** § 106.

I Das Gericht kann die zwangsweise Vorführung und die 1
Haft des Schuldners anordnen. Dasselbe kann alle zur Siche-
rung der Masse dienenden einstweiligen Anordnungen treffen.
Es kann insbesondere ein allgemeines Veräußerungsverbot an
den Schuldner erlassen. Wird das Verbot öffentlich bekannt
gemacht, so findet auf Pfand- und Hypothekenrechte,
welche im Wege der Zwangsvollstreckung oder des Arrestes
nach der Bekanntmachung des Verbots erworben oder
eingetragen worden sind, die Bestimmung des § 12 ent-
sprechende Anwendung.

II Bei der Abweisung des Eröffnungsantrags sind die 2
angeordneten Sicherheitsmaßregeln aufzuheben.

§ 99. — *§ 99.* — **§. 107.** § 107.

I Die Abweisung des Eröffnungsantrags kann erfolgen, 1
wenn nach dem Ermessen des Gerichts eine den Kosten des
Verfahrens entsprechende Konkursmasse nicht vorhanden ist.
**Die Abweisung unterbleibt, wenn ein zur Deckung der im
§ 58 Nr. 1, 2 bezeichneten Massekosten ausreichender Geld-
betrag vorgeschossen wird.**

Das Gericht hat ein Verzeichniß derjenigen Schuldner 2
**zu führen, bezüglich deren der Eröffnungsantrag auf Grund
der Vorschrift des Abs. 1 Satz 1 abgewiesen worden ist.
Die Einsicht des Verzeichnisses ist Jedem gestattet. Nach dem
Ablaufe von fünf Jahren seit der Abweisung des Eröffnungs-
antrags ist die Eintragung in dem Verzeichnisse dadurch zu
löschen, daß der Name unkenntlich gemacht wird.**

§ 100. — *§ 100.* — **§. 108.** § 108.

I Der Eröffnungsbeschluß hat die Stunde der Eröffnung 1
anzugeben.

II Ist dies versäumt worden, so gilt als Zeitpunkt der Er- 2 öffnung die Mittagsstunde des Tages, an welchem der Beschluß erlassen ist.

§ 109. § 101. — *§ 101.* — **§. 109.**

I Die sofortige Beschwerde steht gegen den Eröffnungsbeschluß nur dem Gemeinschuldner, gegen den abweisenden Beschluß nur demjenigen zu, welcher den Eröffnungsantrag gestellt hat. 1

§ 110. § 102. — *§ 102.* — **§. 110.**

I Bei der Eröffnung des Konkursverfahrens ernennt das Gericht den Konkursverwalter, verordnet einen nicht über einen Monat hinauszusetzenden Termin zur Beschlußfassung über die Wahl eines anderen Verwalters, sowie über die Bestellung eines Gläubigerausschusses, erläßt den offenen Arrest und bestimmt die Anmeldefrist und den allgemeinen Prüfungstermin. 1

II Das Gericht kann die Termine verbinden, wenn die Konkursmasse von geringerem Betrage oder der Kreis der Konkursgläubiger von geringerem Umfange ist **oder wenn der Gemeinschuldner einen Zwangsvergleichsvorschlag eingereicht hat.** 2

§ 111. § 103. — *§ 103.* — **§. 111.**

I Der Gerichtsschreiber hat die Formel des Eröffnungsbeschlusses, den offenen Arrest, die Anmeldefrist und die Termine sofort öffentlich bekannt zu machen. 1

II Die Bekanntmachung ist, unbeschadet der Vorschriften des § $\frac{68}{76}$ Abs. 1 auszugsweise in den Deutschen Reichsanzeiger einzurücken. 2

III An die ihrem Wohnorte nach bekannten Gläubiger und Schuldner des Gemeinschuldners erfolgt besondere Zustellung. 3

§ 112. § 104. — *§ 104.* — **§. 112.**

I Der Gerichtsschreiber hat unter Bezeichnung des Konkursverwalters beglaubigte Abschriften der Formel des Eröffnungsbeschlusses den Behörden für die Führung des Handels- oder 1

Gewöhnliche deutsche und fette deutsche Schrift = neue KO.

Genossenschaftsregisters oder ähnlicher Register und der Dienstbehörde des Gemeinschuldners mitzutheilen.

§ 105 s. unten bei §. 116.

— — — — — — — — — — — — — —

§ 106. — *§ 106.* — §. 113. § 113.

1 Inwiefern die Eröffnung oder Aufhebung des Konkursverfahrens in das Grund- oder Hypothekenbuch einzutragen und wie eine solche Eintragung zu bewirken ist, bestimmt sich nach den Landesgesetzen.

Ein von dem Konkursgericht in Gemäßheit des § 106 erlassenes allgemeines Veräußerungsverbot, sowie die Eröffnung des Konkursverfahrens ist in das Grundbuch einzutragen: 1

1. bei denjenigen Grundstücken, als deren Eigenthümer der Gemeinschuldner im Grundbuch eingetragen ist;
2. bei den für den Gemeinschuldner eingetragenen Rechten an Grundstücken oder an eingetragenen Rechten, wenn nach der Art des Rechtes und den obwaltenden Umständen bei Unterlassung der Eintragung eine Beeinträchtigung der Konkursgläubiger zu besorgen ist.

Das Konkursgericht hat, soweit ihm solche Grundstücke oder Rechte bekannt sind, das Grundbuchamt von Amtswegen um die Eintragung zu ersuchen. 2

Gewöhnliche deutsche und lateinische Schrift = alte KO.

Die Eintragung kann auch von dem Konkursverwalter bei dem Grundbuchamte beantragt werden. 3

§ 114. *§ 106a.* — **§. 114.**

Werden Grundstücke oder Rechte, bei denen eine Eintragung nach Maßgabe des § 113 Abs. 1, 2 bewirkt worden ist, von dem Verwalter freigegeben oder veräußert, so kann das Konkursgericht auf Antrag das Grundbuchamt um Löschung der Eintragung ersuchen. 1

§ 115. *§ 106b.* — **§. 115.**

Die Eintragung und Löschung von Vermerken auf Grund er §§ 113, 114 geschieht gebührenfrei. 1

§ 116. § 105. — *§ 106c.* — **§. 116.**

I Sobald eine den Eröffnungsbeschluß aufhebende Entscheidung die Rechtskraft erlangt hat, ist die Aufhebung des Verfahrens öffentlich bekannt zu machen. Die Vorschriften der §§ 103 Abs. 2, 104 / **111 Abs. 2, 112, 113, 191** finden entsprechende Anwendung. 1

Dritter Titel.

Theilungsmasse.

§ 117. § 107. — *§ 107.* — **§. 117.**

I Nach der Eröffnung des Verfahrens hat der Verwalter das gesammte zur Konkursmasse gehörige Vermögen sofort in Besitz und Verwaltung zu nehmen und dasselbe zu verwerthen. 1

Die Geschäftsbücher des Gemeinschuldners dürfen nur mit dem Geschäft im Ganzen und nur insoweit veräußert werden, als sie zur Fortführung des Geschäftes unentbehrlich sind. 2

§ 118. § 108. — *§ 108.* — **§. 118.**

I Durch den offenen Arrest wird allen Personen, welche eine zur Konkursmasse gehörige Sache in Besitz haben oder zur Konkursmasse etwas schuldig sind, aufgegeben, nichts an 1 den Gemeinschuldner zu verabfolgen oder zu leisten, auch die Verpflichtung auferlegt, von dem Besitze der Sache und von den Forderungen, für welche sie aus der Sache abgesonderte Befriedigung in Anspruch nehmen, dem Konkursverwalter innerhalb einer bestimmten Frist Anzeige zu machen.

§ 109. — *§ 109.* — **§. 119.** § 119.

I Wer die Anzeige über den Besitz von Sachen des Gemeinschuldners innerhalb der bestimmten Frist zu machen unterläßt, haftet für allen aus der Unterlassung oder Verzögerung der Anzeige entstehenden Schaden. 1

§ 110. — *§ 110.* — **§. 120.** § 120.

I Gläubiger, welche abgesonderte Befriedigung aus einer in ihrem Besitze befindlichen Sache beanspruchen, haben dem Verwalter auf dessen Verlangen die Sache zur Ansicht vorzuzeigen und die Abschätzung derselben zu gestatten. 1

§ 111. — *§ 111.* — **§. 121.** § 121.

I Die Post- und Telegraphenanstalten sind verpflichtet, auf Anordnung des Konkursgerichts alle für den Gemeinschuldner eingehenden Sendungen, Briefe und Depeschen dem Verwalter auszuhändigen. Dieser ist zur Eröffnung derselben berechtigt. Der Gemeinschuldner kann die Einsicht und, wenn ihr Inhalt die Masse nicht betrifft, die Herausgabe derselben verlangen. 1

II Das Gericht kann die Anordnung auf Antrag des Gemeinschuldners nach Anhörung des Verwalters aufheben oder beschränken. 2

§ 112. — *§ 112.* — **§. 122.** § 122.

I Der Verwalter kann zur Sicherung der zur Konkursmasse gehörigen Sachen durch eine zur Vornahme solcher Handlungen gesetzlich ermächtigte Person siegeln lassen. 1

II Die Geschäftsbücher des Gemeinschuldners sind durch den Gerichtsschreiber zu schließen. 2

§ 113. — *§ 113.* — **§. 123.** § 123.

I Der Verwalter hat die einzelnen zur Konkursmasse gehörigen Gegenstände unter Angabe ihres Werthes aufzuzeichnen. Der Werth ist erforderlichen Falls durch Sachverständige zu 1

Gewöhnliche deutsche und lateinische Schrift = alte KO.

ermitteln. Bei der Aufzeichnung ist eine obrigkeitliche oder eine Urkundsperson zuzuziehen. Der Gemeinschuldner ist zuzuziehen, wenn er ohne Aufschub zu erlangen ist.

II Auf Antrag des Verwalters und, wenn ein Gläubiger- 2
ausschuß bestellt ist, des letzteren, kann das Gericht gestatten, daß die Aufzeichnung unterbleibe oder ohne Zuziehung einer obrigkeitlichen oder einer Urkundsperson vorgenommen werde.

§ 124. § 114. — *§ 114.* — **§. 124.**

I Dem Verwalter liegt die Anfertigung eines Inventars 1
und einer Bilanz ob. Derselbe hat eine von ihm gezeichnete Abschrift des Inventars und der Bilanz und, wenn eine Siegelung und Entsiegelung stattgefunden hat, die Protokolle über dieselben auf der Gerichtsschreiberei zur Einsicht der Betheiligten niederzulegen.

§ 125. § 115. — *§ 115.* — **§. 125.**

I Nach der Anfertigung des Inventars kann der Verwalter 1
oder ein Konkursgläubiger den Gemeinschuldner in eine Sitzung des Amtsgerichts, bei welchem das Konkursverfahren anhängig ist, zur Leistung des Offenbarungseides laden.

§ 126. § 116. — *§ 116.* — **§. 126.**

I Die Zwangsverwaltung und die Zwangsversteigerung der 1
zur Masse gehörigen unbeweglichen Gegenstände kann bei der zuständigen Behörde durch den Konkursverwalter betrieben werden.

§ 127. § 117. — *§ 117.* — **§. 127.**

I Der Verwalter ist berechtigt, die Verwerthung eines 1
zur Masse gehörigen beweglichen Gegenstandes, an welchem ein Gläubiger ein Faustpfandrecht / **ein durch Rechtsgeschäft bestelltes Pfandrecht** oder ein diesem gleichstehendes Recht beansprucht, nach Maßgabe der Vorschriften über die Zwangsvollstreckung **oder über den Pfandverkauf** zu betreiben. Der Gläubiger kann einer solchen Verwerthung nicht widersprechen, vielmehr seine Rechte nur auf den Erlös geltend machen.

II Ist der Gläubiger befugt, sich aus dem Gegenstande ohne 2
gerichtliches Verfahren zu befriedigen, so kann auf Antrag

Gewöhnliche deutsche und fette deutsche Schrift = neue KO.

des Verwalters das Konkursgericht dem Gläubiger nach dessen Anhörung eine Frist bestimmen, innerhalb welcher er den Gegenstand zu verwerthen hat. Nach dem Ablaufe der Frist findet die Vorschrift des ersten Absatzes Anwendung.

§ 117a. — *§ 117a.* — **§. 128.** **§ 128.**

Ist der Gemeinschuldner Vorerbe, so darf der Verwalter die zur Erbschaft gehörenden Gegenstände nicht veräußern, wenn die Veräußerung im Falle des Eintritts der Nacherbfolge nach § 2115 des Bürgerlichen Gesetzbuches dem Nacherben gegenüber unwirksam ist. 1

§ 118. — *§ 118.* — **§. 129.** **§ 129.**

I Bis zur Beschlußfassung durch eine Gläubigerversammlung kann der Verwalter mit Genehmigung des Gerichts oder, wenn von dem Gericht ein Gläubigerausschuß bestellt ist, mit dessen Genehmigung dem Gemeinschuldner und der Familie desselben nothdürftigen Unterhalt aus der Konkursmasse gewähren. 1

II Bis zur Beschlußfassung durch eine Gläubigerversammlung hat der Verwalter nach seinem Ermessen das Geschäft des Gemeinschuldners zu schließen oder fortzuführen und die Gelder, Werthpapiere und Kostbarkeiten nach Anordnung des Gerichts zu hinterlegen. Ist von dem Gericht ein Gläubigerausschuß bestellt, so beschließt dieser über die Schließung oder die Fortführung des Geschäfts und über die Hinterlegung der Gelder, Werthpapiere und Kostbarkeiten. 2

§ 118a. — **§. 130.** **§ 130.**

Soll nach § 129 das Geschäft des Gemeinschuldners geschlossen werden, so hat der Verwalter vor der Beschlußfassung des Gläubigerausschusses oder, wenn ein Gläubigerausschuß nicht bestellt ist, vor der Schließung des Geschäfts dem Gemeinschuldner, sofern derselbe ohne Aufschub zu erlangen ist, von der beabsichtigten Maßregel Mittheilung zu machen. 1

Das Gericht kann auf Antrag des Gemeinschuldners die Schließung des Geschäfts untersagen, wenn der Gemeinschuldner einen Zwangsvergleichs-Vorschlag eingereicht hat. 2

Gewöhnliche deutsche und lateinische Schrift = alte KO.

§ 131. § 119. — *§ 119.* — **§. 131.**

I In der ersten Gläubigerversammlung hat der Verwalter 1
über die Entstehung der Zahlungsunfähigkeit des Gemeinschuldners, über die Lage der Sache und über die bisher ergriffenen Maßregeln zu berichten.

§ 132. § 120. — *§ 120.* — **§. 132.**

I Die Gläubigerversammlung beschließt über eine dem Ge- 1
meinschuldner und dessen Familie zu bewilligende Unterstützung, über die Schließung oder die Fortführung des Geschäfts und über die Stelle, bei welcher, sowie über die Bedingungen, unter welchen die Gelder, Werthpapiere und Kostbarkeiten hinterlegt oder angelegt werden sollen.

II Die Gläubigerversammlung beschließt, in welcher Weise 2
und in welchen Zeiträumen der Verwalter ihr oder einem Gläubigerausschusse über die Verwaltung und Verwerthung der Masse Bericht erstatten und Rechnung legen soll.

§ 133. § 121. — *§ 121.* — **§. 133.**

I Der Verwalter hat, falls ein Gläubigerausschuß bestellt 1
ist, dessen Genehmigung einzuholen:

1. wenn Gegenstände, deren Verkauf ohne offenbaren Nachtheil für die Masse ausgesetzt werden kann und nicht durch die Fortführung des Geschäfts veranlaßt wird, verkauft werden sollen, bevor der allgemeine Prüfungstermin abgehalten oder ein vor dem Schlusse desselben eingereichter Zwangsvergleichs-Vorschlag erledigt ist;
2. wenn die Erfüllung von Rechtsgeschäften des Gemeinschuldners verlangt, Prozesse anhängig gemacht, deren Aufnahme abgelehnt, Vergleiche oder Schiedsverträge geschlossen, Aussonderungs-, Absonderungs- oder Masseansprüche anerkannt, Pfandstücke eingelöst, oder Forderungen veräußert werden sollen, und es sich in diesen Fällen um einen Werthgegenstand von mehr als dreihundert Mark handelt.

§ 134. § 122. — *§ 122.* — **§. 134.**

I Der Verwalter hat die Genehmigung des Gläubigeraus- 1

schusses oder, wenn ein solcher nicht bestellt ist, die Genehmigung einer Gläubigerversammlung einzuholen:

1. wenn ein unbeweglicher Gegenstand aus freier Hand, oder das Geschäft oder das Waarenlager des Gemeinschuldners im Ganzen, oder das Recht auf den Bezug wiederkehrender Einkünfte veräußert werden soll;
2. wenn Erbschaften oder Vermächtnisse für die Masse aufgegeben, oder wenn Darlehen aufgenommen, fremde Verbindlichkeiten übernommen, zur Masse gehörige Gegenstände verpfändet, oder Grundstücke erstanden werden sollen.

§ 123. — *§ 123.* — **§. 135.** § 135.

I Der Verwalter hat in den Fällen der §§ $\frac{121,\ 122}{\mathbf{133,\ 134}}$ vor 1
der Beschlußfassung des Gläubigerausschusses oder der Gläubigerversammlung, und in den Fällen des § $\frac{121}{\mathbf{133}}$, wenn ein Gläubigerausschuß nicht bestellt ist, vor der Vornahme der Rechtshandlung dem Gemeinschuldner, sofern derselbe ohne Aufschub zu erlangen ist, von der beabsichtigten Maßregel Mittheilung zu machen.

II Das Gericht kann auf Antrag des Gemeinschuldners, so- 2
fern nicht die Gläubigerversammlung die Genehmigung ertheilt hat, die Vornahme der Rechtshandlung vorläufig untersagen und zur Beschlußfassung über die Vornahme eine Gläubigerversammlung berufen.

§ 124. — *§ 124.* — **§. 136.** § 136.

I Durch die Vorschriften der §§ $\frac{121-123}{\mathbf{133-135}}$ wird die Gültig- 1
keit einer Rechtshandlung des Verwalters dritten Personen gegenüber nicht berührt.

§ 125. — *§ 125.* — **§. 137.** § 137.

I Wenn ein Gläubigerausschuß bestellt ist, und die Gläubiger- 1
versammlung nicht ein Anderes beschließt, bedürfen Quittungen des Verwalters über den Empfang von Geldern, Werthpapieren oder Kostbarkeiten von der Hinterlegungsstelle und Anweisungen

Gewöhnliche deutsche und lateinische Schrift = alte KO.

des Verwalters auf die Hinterlegungsstelle zu ihrer Gültigkeit der Mitzeichnung eines Mitgliedes des Gläubigerausschusses.

Vierter Titel.
Schuldenmasse.

§ 138. § 126. — *§ 126.* — **§. 138.**

I Die Frist zur Anmeldung der Konkursforderungen beträgt 1
drei / zwei Wochen bis drei Monate. Der Zeitraum zwischen dem Ablaufe der Anmeldefrist und dem allgemeinen Prüfungstermine soll mindestens eine Woche und höchstens zwei Monate betragen.

§ 139. § 127. — *§ 127.* — **§. 139.**

I Die Anmeldung hat die Angabe des Betrages und des 1
Grundes der Forderung sowie des beanspruchten Vorrechts zu enthalten. Sie kann bei dem Gerichte schriftlich eingereicht oder zum Protokolle des Gerichtsschreibers angebracht werden. Die urkundlichen Beweisstücke oder eine Abschrift derselben sind beizufügen.

§ 140. § 128. — *§ 128.* — **§. 140.**

I Die Anmeldungen sind in der Gerichtsschreiberei zur Ein= 1
sicht der Betheiligten niederzulegen.

II Der Gerichtsschreiber hat jede Forderung sofort nach der 2
Anmeldung derselben in der Rangordnung des beanspruchten Vorrechts in eine Tabelle einzutragen, welche innerhalb des ersten Drittheils des zwischen dem Ablaufe der Anmeldefrist und dem Prüfungstermine liegenden Zeitraums auf der Gerichtsschreiberei zur Einsicht der Betheiligten niederzulegen und abschriftlich dem Verwalter mitzutheilen ist.

§ 141. § 129. — *§ 129.* — **§. 141.**

I In dem Prüfungstermine werden die angemeldeten For= 1
derungen ihrem Betrage und ihrem Vorrechte nach einzeln erörtert.

II Der Gemeinschuldner hat sich über die Forderungen zu 2
erklären.

§ 142. § 130. — *§ 130.* — **§. 142.**

I In dem Prüfungstermine sind auch diejenigen Forde= 1

Gewöhnliche deutsche und fette deutsche Schrift = neue KO.

rungen, welche nach dem Ablaufe der Anmeldefrist angemeldet sind, zu prüfen, wenn weder der Verwalter noch ein Konkursgläubiger hiergegen Widerspruch erhebt; anderenfalls ist auf Kosten der Säumigen ein besonderer Prüfungstermin zu bestimmen.

II Auf nachträglich beanspruchte Vorrechte und sonstige Aenderungen der Anmeldung findet die vorstehende Bestimmung entsprechende Anwendung. 2

III Gläubiger, welche Forderungen nach dem Prüfungstermine anmelden, tragen die Kosten des besonderen Prüfungstermins. 3

§ 131. — *§ 131.* — **§. 143.** **§ 143.**

I Die Prüfung einer angemeldeten Forderung findet statt, wenngleich der anmeldende Gläubiger im Prüfungstermine ausbleibt. 1

§ 132. — *§ 132.* — **§. 144.** **§ 144.**

I Eine Forderung gilt als festgestellt, soweit gegen sie im Prüfungstermine ein Widerspruch weder von dem Verwalter noch von einem Konkursgläubiger erhoben wird, oder soweit ein erhobener Widerspruch beseitigt ist. 1

II Ist die Forderung vom Gemeinschuldner im Prüfungstermine bestritten, so kann ein Rechtsstreit, welcher über dieselbe zur Zeit der Eröffnung des Konkursverfahrens anhängig war, gegen den Gemeinschuldner aufgenommen werden. 2

§ 133. — *§ 133.* — **§. 145.** **§ 145.**

I Das Gericht hat nach der Erörterung einer jeden Forderung das Ergebnis in die Tabelle einzutragen. Auf Wechseln und sonstigen Schuldurkunden ist von dem Gerichtsschreiber die Feststellung zu vermerken. 1

II Die Eintragung in die Tabelle gilt rücksichtlich der festgestellten Forderungen ihrem Betrage und ihrem Vorrechte nach wie ein rechtskräftiges Urtheil gegenüber allen Konkursgläubigern. 2

§ 134. — *§ 134.* — **§. 146.** **§ 146.**

I Den Gläubigern streitig gebliebener Forderungen bleibt überlassen, die Feststellung derselben gegen die Bestreitenden 1

Gewöhnliche deutsche und lateinische Schrift = alte KO.

zu betreiben. Zu diesem Behufe hat das Gericht den Gläubigern einen Auszug aus der Tabelle in beglaubigter Form zu ertheilen.

II Auf die Feststellung ist im ordentlichen Verfahren Klage 2
zu erheben. Für die Klage ist das Amtsgericht, bei welchem das Konkursverfahren anhängig ist und, wenn der Streitgegenstand zur Zuständigkeit der Amtsgerichte nicht gehört, das Landgericht ausschließlich zuständig, zu dessen Bezirke der Bezirk des Konkursgerichts gehört.

III War zur Zeit der Eröffnung des Konkursverfahrens ein 3
Rechtsstreit über die Forderung anhängig, so ist die Feststellung derselben durch Aufnahme des Rechtsstreits zu verfolgen.

IV Die Feststellung kann nur auf den Grund gestützt und 4
nur auf den Betrag gerichtet werden, welcher in der Anmeldung oder dem Prüfungstermine angegeben ist.

V Die Bestimmungen des ersten, dritten und vierten Ab- 5
satzes finden auf Forderungen, für deren Feststellung ein besonderes Gericht, eine Verwaltungsbehörde oder ein Verwaltungsgericht zuständig ist, entsprechende Anwendung.

VI Der Widerspruch gegen eine Forderung, für welche ein 6
mit der Vollstreckungsklausel versehener Schuldtitel, ein Endurtheil oder ein Vollstreckungsbefehl vorliegt, ist von dem Widersprechenden zu verfolgen.

VII Die obsiegende Partei hat die Berichtigung der Tabelle 7
zu erwirken.

§ 147. § 135. — *§ 135.* — §. **147.**

I **Soweit durch ein Urtheil rechtskräftig eine Forderung fest-** 1
gestellt oder ein Widerspruch für begründet erklärt ist, wirkt dasselbe gegenüber allen Konkursgläubigern. War der Prozeß nur gegen einzelne Gläubiger geführt, so können diese den Ersatz ihrer Prozeßkosten aus der Konkursmasse insoweit verlangen, als der letzteren durch das Urtheil ein Vortheil erwachsen ist.

§ 148. § 136. — *§ 136.* — §. **148.**

I **Der Werth des Streitgegenstandes eines Prozesses über** 1
die Richtigkeit oder das Vorrecht einer Forderung ist mit

Rücksicht auf das Verhältniß der Theilungs- zur Schuldenmasse von dem Prozeßgerichte nach freiem Ermessen festzusetzen.

Fünfter Titel.

Vertheilung.

§ 137. — *§ 137.* — **§ 149.** § 149.

1 Nach der Abhaltung des allgemeinen Prüfungstermins 1
soll, so oft hinreichende baare Masse vorhanden ist, eine Vertheilung an die Konkursgläubiger erfolgen.

§ 138. — *§ 138.* — **§ 150.** § 150.

1 Zur Vornahme einer Vertheilung hat der Verwalter, wenn 1
ein Gläubigerausschuß bestellt ist, dessen Genehmigung einzuholen.

§ 139. — *§ 139.* — **§ 151.** § 151.

1 Vor der Vornahme einer Vertheilung hat der Verwalter 1
ein Verzeichniß der bei derselben zu berücksichtigenden Forderungen auf der Gerichtsschreiberei zur Einsicht der Betheiligten niederzulegen und die Summe der Forderungen, sowie den **zur** Vertheilung verfügbaren Massebestand öffentlich bekannt zu machen.

§ 140. — *§ 140.* — **§ 152.** § 152.

1 Konkursgläubiger, deren Forderungen nicht festgestellt 1
sind und für deren Forderungen ein mit der **Vollstreckungsklausel** versehener Schuldtitel, ein Endurtheil oder ein **Vollstreckungsbefehl nicht** vorliegt, haben **bis zum** Ablaufe einer Ausschlußfrist von zwei Wochen nach der öffentlichen Bekanntmachung dem **Verwalter** den Nachweis zu führen, daß und für welchen Betrag die Feststellungsklage erhoben oder das Verfahren in dem früher anhängigen Prozesse aufgenommen ist. Wird der Nachweis nicht rechtzeitig geführt, so werden die Forderungen bei der vorzunehmenden Vertheilung nicht berücksichtigt.

§ 141. — *§ 141.* — **§ 153.** § 153.

1 Gläubiger, von welchen abgesonderte Befriedigung be- 1
ansprucht wird, haben bis zum Ablaufe der Ausschlußfrist dem Verwalter den Nachweis ihres Verzichtes oder ihres Ausfalls nach **Maßgabe** des § $\frac{57}{\mathbf{64}}$ zu führen. Wird der Nach-

Gewöhnliche deutsche und lateinische Schrift = alte KO.

weis nicht rechtzeitig geführt, so werden die Forderungen bei der vorzunehmenden Vertheilung nicht berücksichtigt.

II Zur Berücksichtigung bei einer Abschlagsvertheilung genügt es, wenn bis zum Ablaufe der Ausschlußfrist dem Verwalter der Nachweis, daß die Veräußerung des zur abgesonderten Befriedigung dienenden Gegenstandes betrieben ist, geführt und der Betrag des muthmaßlichen Ausfalls glaubhaft gemacht wird. 2

§ 154. § 142. — *§ 142.* — **§. 154.**

I Forderungen unter aufschiebender Bedingung werden bei einer Abschlagsvertheilung zu dem Betrage berücksichtigt, welcher auf die unbedingte Forderung fallen würde. 1

II Bei der Schlußvertheilung findet ihre / **ist die** Berücksichtigung nur statt, sofern dem Verwalter bis zum Ablaufe der Ausschlussfrist der Eintritt der Bedingung nachgewiesen wird, oder soweit der Gemeinschuldner zu einer Sicherheitsleistung verpflichtet war. / **ausgeschlossen, wenn die Möglichkeit des Eintritts der Bedingung eine so entfernte ist, daß die bedingte Forderung einen gegenwärtigen Vermögenswerth nicht hat.** 2

§ 155. § 143. — *§ 143.* — **§. 155.**

I Gläubiger, welche bei einer Abschlagsvertheilung nicht berücksichtigt worden sind, können nachträglich, sobald sie die Vorschriften der §§ 140, 141 / **152, 153** erfüllt haben, die bisher festgesetzten Prozentsätze aus der Restmasse verlangen, soweit diese reicht und nicht infolge des Ablaufs einer Ausschlußfrist für eine neue Vertheilung zu verwenden ist. 1

§ 156. § 144. — *§ 144.* — **§. 156.**

I Die Antheile, mit welchen Gläubiger nach Massgabe des § 141 Abs. 1 oder des § 142 Abs. 1 bei Abschlags- / **bei Abschlagszahlungen nach Maßgabe des § 153 Abs. 2 oder des § 154** 1

Gewöhnliche deutsche und fette deutsche Schrift = neue KO.

vertheilungen / Abs. 1 berücksichtigt worden sind, werden für die Schluß-vertheilung frei, wenn bei dieser die Voraussetzungen des § 141 Abs. 1 oder des § 142 Abs. 2 nicht erfüllt sind. / **153 Abs. 1 nicht erfüllt sind oder nach Maßgabe des § 154 Abs. 2 die Berücksichtigung der bedingten Forderung ausgeschlossen ist.**

§ 145. — *§ 145.* — **§. 157.** § 157.

I Binnen drei Tagen nach dem Ablaufe der Ausschluß- 1
frist hat der Verwalter die auf Grund der vorstehenden Bestimmungen erforderlichen Aenderungen des Verzeichnisses zu bewirken.

§ 146. — *§ 146* — **§. 158.** § 158.

I Bei einer Abschlagsvertheilung sind Einwendungen gegen 1
das Verzeichniß bis zum Ablaufe einer Woche nach dem Ende der Ausschlußfrist bei dem Konkursgerichte zu erheben.

II Das Gericht entscheidet über die Einwendungen. Die 2
Entscheidung, durch welche eine Berichtigung des Verzeichnisses angeordnet wird, ist auf der Gerichtsschreiberei niederzulegen. Die Beschwerdefrist beginnt mit dem Tage, an welchem die Niederlegung der Entscheidung erfolgt ist.

§ 147. — *§ 147.* — **§. 159.** § 159.

I Für eine Abschlagsvertheilung bestimmt der Verwalter 1
und, wenn ein Gläubigerausschuß bestellt ist, dieser auf Antrag des Verwalters den zu zahlenden Prozensatz.

II Der Verwalter hat den Prozentsatz den berücksichtigten 2
Gläubigern mitzutheilen.

§ 148. — *§ 148.* — **§. 160.** § 160.

I Das Gericht kann auf Antrag des Gemeinschuldners, 1
wenn derselbe einen Zwangsvergleich vorgeschlagen hat, die Aussetzung einer Abschlagsvertheilung anordnen, sofern nicht schon die Ausschlußfrist abgelaufen ist.

§ 161. § 149. — *§ 149.* — **§. 161.**

I Die Schlußvertheilung erfolgt, sobald die Verwerthung 1
der Masse beendigt ist.

II Die Vornahme der Schlußvertheilung unterliegt der 2
Genehmigung des Gerichts.

§ 162. § 150. — *§ 150.* — **§. 162.**

I Zur Abnahme der Schlußrechnung, zur Erhebung von 1
Einwendungen gegen das Schlußverzeichniß und zur Beschlußfassung der Gläubiger über die nicht verwerthbaren Vermögensstücke bestimmt das Gericht einen Schlußtermin, welcher nicht unter drei Wochen und nicht über einen Monat hinaus anzuberaumen ist.

II Die Bestimmungen des § $\frac{146}{\mathbf{158}}$ Abs. 2 finden auf die 2
Schlußvertheilung Anwendung.

§ 163. § 151. — *§ 151.* — **§. 163.**

I Nach der Abhaltung des Schlußtermins beschließt das 1
Gericht die Aufhebung des Konkursverfahrens. Eine Anfechtung des Beschlusses findet nicht statt.

II Der Beschluß und der Grund der Aufhebung sind öffent- 2
lich bekannt zu machen.

III Die Vorschriften der §§ $\frac{103\ \text{Abs. 2, 104, 106}}{\mathbf{111\ Abs.\ 2,\ 112,\ 113}}$ finden 3
entsprechende Anwendung.

§ 164. § 152. — *§ 152.* — **§. 164.**

I Nach der Aufhebung des Konkursverfahrens können die 1
nicht befriedigten Konkursgläubiger ihre Forderungen gegen den Schuldner unbeschränkt geltend machen.

II Für die Gläubiger, deren Forderungen festgestellt und 2
nicht von dem Gemeinschuldner im Prüfungstermine ausdrücklich bestritten worden sind, findet gegen den Schuldner aus der Eintragung in die Tabelle die Zwangsvollstreckung unter entsprechender Anwendung der §§ $\frac{662-701}{\mathbf{724-793}}$ der Civilprozeßordnung statt.

Gewöhnliche deutsche und fette deutsche Schrift = neue KO.

III Für Klagen auf Ertheilung der Vollstreckungsklausel, sowie für Klagen, durch welche die die Forderung selbst betreffenden Einwendungen geltend gemacht werden, oder der bei der Ertheilung der Vollstreckungsklausel als bewiesen angenommene Eintritt der Thatsache, von welcher die Vollstreckung aus der Eintragung in die Tabelle abhängt, oder die als eingetreten angenommene Rechtsnachfolge bestritten wird, ist das im § $\frac{134}{\mathbf{146}}$ Abs. 2 dieses Gesetzes bezeichnete Gericht zuständig. 3

§ 152 a. — **§. 165.** **§ 165.**

Hat der Schuldner den Prüfungstermin versäumt, so ist ihm auf Antrag die Wiedereinsetzung in den vorigen Stand zu ertheilen. Die Vorschriften des § 232 Abs. 2 und der §§ 233—236 der Civilprozeßordnung finden entsprechende Anwendung. Der den Antrag auf Wiedereinsetzung enthaltende Schriftsatz ist dem Gläubiger zuzustellen, dessen Forderung nachträglich bestritten werden soll. Das Bestreiten in diesem Schriftsatze steht, wenn die Wiedereinsetzung ertheilt wird, dem Bestreiten im Prüfungstermine gleich und ist in die Tabelle einzutragen. 1

§ 153. — *§ 153.* — **§. 166.** **§ 166.**

I Wenn nach dem Vollzuge der Schlußvertheilung Beträge, welche von der Masse zurückbehalten sind, für dieselbe frei werden, oder Beträge, welche aus der Masse gezahlt sind, zur Masse zurückfließen, so sind dieselben von dem Verwalter nach Anordnung des Konkursgerichts auf Grund des Schlußverzeichnisses zur nachträglichen Vertheilung zu bringen. Die über die Verwaltung und Vertheilung solcher Beträge abzulegende Rechnung unterliegt der Prüfung des Konkursgerichts. 1

II Dasselbe gilt, wenn nach der Schlußvertheilung oder der Aufhebung des Verfahrens zur Konkursmasse gehörige Vermögensstücke ermittelt werden. 2

§ 167. § 154. — *§ 154.* — §. 167.

I Der Vollzug einer jeden Vertheilung erfolgt durch den Verwalter.

§ 168. § 155. — *§ 155.* — §. 168.

I Die Antheile

1. auf Forderungen, welche in Folge eines bei der Prüfung erhobenen Widerspruchs im Prozesse befangen sind,
2. auf Forderungen, welche von einer aufschiebenden Bedingung abhängen,
3. auf Forderungen, für welche eine abgesonderte Befriedigung beansprucht und der Vorschrift des § $\frac{141}{153}$ Abs. 2 genügt ist,
4. auf Forderungen unter auflösender Bedingung, sofern der Gläubiger zu einer Sicherheitsleistung verpflichtet ist und die Sicherheit nicht leistet,

werden zurückbehalten.

§ 169. § 156. — *§ 156.* — §. 169.

I Die Beträge, **welche** bei dem Vollzuge der Schlußvertheilung **zurückzubehalten** sind, oder welche **bis** zu diesem Zeitpunkte nicht **erhoben** werden, hat der Verwalter nach Anordnung des Gerichts für Rechnung der Betheiligten zu hinterlegen.

§ 170. § 157. — *§ 157.* — §. 170.

I Zahlungen auf festgestellte bevorrechtigte Forderungen kann der Verwalter mit Ermächtigung des Gerichts unabhängig von den Vertheilungen leisten.

§ 171. § 158. — *§ 158.* — §. 171.

I Beträge, welche zur Sicherstellung eines bedingt zur Aufrechnung befugten Gläubigers nach Maßgabe des § $\frac{47}{54}$ Abs. 3 hinterlegt worden sind, fließen **für die Schlußvertheilung zur Konkursmasse zurück,**

sofern nicht bis zum Ablaufe der Ausschlusfrist für die	**wenn die Möglichkeit des Eintritts der Bedingung eine so**

Schlussvertheilung dem Verwalter der Eintritt der Bedingung nachgewiesen wird oder soweit nicht der Gemeinschuldner zu einer Sicherheitsleistung verpflichtet war.

entfernte ist, daß die bedingte Forderung einen gegenwärtigen Vermögenswerth nicht hat.

§ 159. — *§ 159.* — **§. 172.** § 172.

1 Masseansprüche, welche nicht bis zu der Festsetzung des Prozentsatzes oder der Beendigung des Schlußtermins oder der Bekanntmachung einer Nachtragsvertheilung zur Kenntniß des Verwalters gelangt sind, können nicht auf den Massebestand geltend gemacht werden, welcher zur Auszahlung des festgesetzten Prozentsatzes erforderlich ist oder den Gegenstand der Schlußvertheilung oder der Nachtragsvertheilung bildet. 1

Sechster Titel.

Zwangsvergleich.

§ 160. — *§ 160.* — **§. 173.** § 173.

1 Sobald der allgemeine Prüfungstermin abgehalten und so lange nicht die Vornahme der Schlußvertheilung genehmigt worden ist, kann auf den Vorschlag des Gemeinschuldners zwischen diesem und den nicht bevorrechtigten Konkursgläubigern ein Zwangsvergleich geschlossen werden. 1

§ 161. — *§ 161.* — **§. 174.** § 174.

1 Der Vergleichs**vorschlag muß** angeben, in welcher Weise die Befriedigung der Gläubiger erfolgen, sowie ob und in welcher Art eine Sicherstellung derselben bewirkt werden soll. 1

§ 162. — *§ 162.* — **§. 175.** § 175.

1 Ein Zwangsvergleich ist unzulässig: 1

1. so lange der Gemeinschuldner flüchtig ist oder die Ableistung des Offenbarungseides verweigert;
2. so lange ein wegen betrüglichen Bankerutts gegen den Gemeinschuldner eröffnetes Hauptverfahren oder / **gegen den Gemeinschuldner wegen betrüglichen Bankerutts eine gerichtliche Untersuchung oder ein** wiederaufgenommenes Verfahren anhängig ist;

Gewöhnliche deutsche und lateinische Schrift = alte KO.

3. wenn der Gemeinschuldner wegen betrüglichen Bankerutts rechtskräftig verurtheilt worden ist.

§ 176. § 163. — *§ 163.* — §. 176.

I Auf Antrag **des** Verwalters und, wenn ein Gläubiger- 1
ausschuß bestellt ist, **des** letzteren kann das Gericht den Vergleichsvorschlag zurückweisen, wenn bereits in dem Konkursverfahren ein Vergleichsvorschlag von den Gläubigern abgelehnt oder von dem Gerichte verworfen oder von dem Gemeinschuldner nach der öffentlichen Bekanntmachung des Vergleichstermins zurückgezogen worden ist.

§ 177. § 164. — *§ 164.* — §. 177.

I Wird der Vergleichsvorschlag nicht zurückgewiesen, so hat 1
der Gläubigerausschuß sich über die Annehmbarkeit des Vorschlags zu erklären.

II Erklärt der Gläubigerausschuß den Vorschlag nicht für 2
annehmbar, so ist ein Widerspruch des Gemeinschuldners gegen die Verwerthung der Masse nicht zu berücksichtigen.

§ 178. § 165. — *§ 165.* — §. 178.

I Der Vorschlag und die Erklärung des Gläubigeraus- 1
schusses sind auf der Gerichtsschreiberei zur Einsicht der Betheiligten niederzulegen.

§ 179. § 166. — *§ 166.* — §. 179.

I Der Vergleichstermin soll nicht über einen Monat hinaus 1
anberaumt werden. Der Termin ist öffentlich bekannt zu machen. Zu demselben sind **der Gemeinschuldner, der Verwalter, sowie** unter Mittheilung des Vergleichsvorschlags und des Ergebnisses der Erklärung des Gläubigerausschusses die nicht bevorrechtigten Konkursgläubiger, welche Forderungen angemeldet haben, besonders zu laden.

In der Bekanntmachung ist zu bemerken, daß der Ver- 2
gleichsvorschlag und die Erklärung des Gläubigerausschusses auf der Gerichtsschreiberei des Konkursgerichts zur Einsicht der Betheiligten niedergelegt seien.

Gewöhnliche deutsche und fette deutsche Schrift = neue KO.

§ 167. — *§ 167.* — §. **180.** § 180.

I Auf Antrag des Gemeinschuldners und, wenn ein Gläubigerausschuß bestellt ist, des letzteren kann das Gericht den Vergleichstermin mit dem allgemeinen Prüfungstermine verbinden. 1

§ 168. — *§ 168.* — §. **181.** § 181.

I Der Vergleich muß allen nicht bevorrechtigten Konkursgläubigern gleiche Rechte gewähren. Eine ungleiche Bestimmung der Rechte ist nur mit ausdrücklicher Einwilligung der zurückgesetzten Gläubiger zulässig. Jedes andere Abkommen des Gemeinschuldners oder anderer Personen mit einzelnen Gläubigern, durch welches diese bevorzugt werden sollen, ist nichtig. 1

§ 169. — *§ 169.* — §. **182.** § 182.

I Zur Annahme des Vergleichs ist erforderlich, daß 1

1. die Mehrzahl der in dem Termine anwesenden stimmberechtigten Gläubiger dem Vergleiche ausdrücklich zustimmt, und
2. die Gesammtsumme der Forderungen der zustimmenden Gläubiger wenigstens drei Viertheile der Gesammtsumme aller zum Stimmen berechtigenden Forderungen beträgt.

II Wird nur eine der Mehrheiten erreicht, so kann der Gemeinschuldner bis zum Schlusse des Termins die einmalige Wiederholung der Abstimmung in einem neuen Termine verlangen. Das Gericht hat denselben zu bestimmen und im Termine zu verkünden. 2

§ 169 a. — §. **183.** § 183.

Bei der Berechnung der nach § 182 Abs. 1 Nr. 1, 2 erforderlichen Mehrheiten bleibt der Ehegatte des Gemeinschuldners außer Betracht, wenn er dem Vergleiche zugestimmt hat. 1

Das Gleiche gilt von demjenigen, welchem der Ehegatte des Gemeinschuldners während des Konkursverfahrens oder in dem letzten Jahre vor der Eröffnung des Verfahrens eine Forderung gegen den Gemeinschuldner abgetreten hat, soweit das Stimmrecht auf der abgetretenen Forderung beruht. 2

Gewöhnliche deutsche und lateinische Schrift = alte KO.

Diese Vorschrift findet keine Anwendung, wenn der Ehegatte zu der Abtretung durch das Gesetz oder durch einen Vertrag verpflichtet war, welcher früher als ein Jahr vor der Eröffnung des Konkursverfahrens geschlossen wurde.

§ 184. § 170. — *§ 170.* — §. **184.**

I Der angenommene Zwangsvergleich bedarf der Bestäti- 1
gung des Konkursgerichts.

II Das Gericht entscheidet, nachdem es die Gläubiger, den 2
Verwalter und den Gläubigerausschuß in dem Vergleichstermine oder einem zu verkündenden Termine gehört hat.

§ 185. § 171. — *§ 171.* — §. **185.**

I Der Beschluß, durch welchen der Zwangsvergleich be- 1
stätigt oder verworfen wird, ist zu verkünden.

§ 186. §. 172. — *§ 172.* — §. **186.**

I Der Vergleich ist zu verwerfen: 1

1. wenn die für das Verfahren und den Abschluß des Vergleichs gegebenen Vorschriften nicht beobachtet sind, und das Fehlende nicht ergänzt werden kann;
2. wenn ein Fall der Unzulässigkeit eines Zwangsvergleichs nachträglich eingetreten ist.

§ 187. *§ 172 a.* — §. **187.**

Der Vergleich ist zu verwerfen, wenn er den Gläubigern 1
nicht mindestens den fünften Theil ihrer Forderungen gewährt und dieses Ergebniß auf ein unredliches Verhalten des Gemeinschuldners, insbesondere darauf zurückzuführen ist, daß der Gemeinschuldner durch ein solches Verhalten die Eröffnung des Konkursverfahrens verzögert hat. Der Vergleich kann verworfen werden, wenn das gleiche Ergebniß auf ein leichtsinniges Verhalten des Gemeinschuldners zurückzuführen ist.

§ 188. § 173. — *§ 173.* — §. **188.**

I Der Vergleich ist auf Antrag eines nicht bevorrechtigten 1
Konkursgläubigers, welcher stimmberechtigt war oder seine Forderung glaubhaft macht, zu verwerfen:

1. wenn der Vergleich durch Begünstigung eines Gläubigers oder sonst in unlauterer Weise zu Stande gebracht ist;
2. wenn der Vergleich dem gemeinsamen Interesse der nicht bevorrechtigten Konkursgläubiger widerspricht.

II Der Antrag ist nur zuzulassen, wenn die Thatsachen, auf welche derselbe gegründet wird, glaubhaft gemacht werden. 2

§ 174. — *§ 174.* — **§. 189.** § 189.

I Die sofortige Beschwerde gegen den Beschluß, durch welchen der Vergleich bestätigt oder verworfen ist, steht dem Gemeinschuldner und jedem nicht bevorrechtigten Konkursgläubiger zu, welcher stimmberechtigt war oder seine Forderung glaubhaft macht. 1

II Die Frist zur Einlegung der Beschwerde beginnt mit der Verkündung des Beschlusses. 2

III Eine Anfechtung der Entscheidung des Beschwerdegerichts findet nicht statt. 3

§ 175. — *§ 175.* — **§. 190.** § 190.

I Sobald der Vergleich rechtskräftig bestätigt ist, beschließt das Gericht die Aufhebung des Konkursverfahrens. Eine Anfechtung des Beschlusses findet nicht statt. 1

II Der Beschluß und der Grund der Aufhebung sind öffentlich bekannt zu machen. 2

III Die Vorschriften der §§ $\frac{\text{103 Abs. 2, 104, 106}}{\textbf{111 Abs. 2, 112, 113}}$ finden entsprechende Anwendung. 3

§ 176. — *§ 176.* — **§. 191.** § 191.

I Der Verwalter hat aus der Konkursmasse die Masseansprüche zu berichtigen. Die bestrittenen Masseansprüche sind sicher zu stellen. 1

II Die bevorrechtigten Konkursforderungen sind, insoweit sie festgestellt sind, zu berichtigen, insoweit sie glaubhaft gemacht sind, sicher zu stellen. 2

§ 177. — *§ 177.* — **§. 192.** § 192.

I Soweit der Zwangsvergleich nicht ein Anderes bestimmt, erhält der Gemeinschuldner das Recht zurück, über die Konkursmasse frei zu verfügen. 1

Gewöhnliche deutsche und lateinische Schrift = alte KO.

§ 193. § 178. — *§ 178.* — **§. 193.**

I Der rechtskräftig bestätigte Zwangsvergleich ist wirksam 1
für und gegen alle nicht bevorrechtigten Konkursgläubiger, auch wenn dieselben an dem Konkursverfahren oder an der Beschlußfassung über den Vergleich nicht Theil genommen oder gegen den Vergleich gestimmt haben. Die Rechte der Gläubiger gegen Mitschuldner und Bürgen des Gemeinschuldners **sowie die Rechte aus einem für die Forderung bestehenden Pfandrecht, aus einer für sie bestehenden Hypothek, Grundschuld oder Rentenschuld oder aus einer zu ihrer Sicherung eingetragenen Vormerkung** werden **durch den Zwangsvergleich** nicht berührt.

§ 194. § 179. — *§ 179.* — **§. 194.**

I Aus dem rechtskräftig bestätigten Zwangsvergleiche findet 1
für die Konkursgläubiger, deren Forderungen festgestellt und nicht von dem Gemeinschuldner in dem Prüfungstermine ausdrücklich bestritten worden sind, gegen den Gemeinschuldner und diejenigen, welche in dem Vergleiche für dessen Erfüllung neben dem Gemeinschuldner ohne Vorbehalt der Einrede der Vorausklage Verpflichtungen übernommen haben, die Zwangsvollstreckung unter entsprechender Anwendung der §§ $\frac{662-701}{\mathbf{724-793}}$ der Civilprozeßordnung und des § $\frac{152}{\mathbf{164}}$ Abs. 3 dieses Gesetzes statt.

§ 180.

I Soweit die Leistungen aus dem Vergleiche noch nicht fällig sind, gewährt die Feststellung einer Konkursforderung, wenn nach den Landesgesetzen ein Urtheil den Anspruch auf eine Hypothek an dem unbeweglichen Vermögen des Schuldners begründet, den Anspruch auf eine solche nur im Falle eines Arrestgrundes.

§ 195. § 181. — *§ 181.* — **§. 195.**

I Eine Klage auf Aufhebung des Zwangsvergleichs aus 1
dem Grunde der Nichterfüllung desselben findet nicht statt.

§ 196. § 182. — *§ 182.* — **§. 196.**

I Wenn der Zwangsvergleich durch Betrug zu Stande ge- 1

Gewöhnliche deutsche und fette deutsche Schrift = neue KO.

bracht ist, so kann jeder Gläubiger den vergleichsmäßigen Erlaß seiner Forderung anfechten, unbeschadet der ihm durch den Vergleich gewährten Rechte.

II Die Anfechtung ist nur zulässig, wenn der Gläubiger ohne Verschulden außer Stande war, den Anfechtungsgrund in dem Bestätigungsverfahren geltend zu machen. 2

§ 183. — *§ 183.* — **§. 197.** § 197.

I Die rechtskräftige Verurtheilung des Gemeinschuldners wegen betrüglichen Bankerutts hebt für alle Gläubiger den durch den Zwangsvergleich begründeten Erlaß auf, unbeschadet der ihnen durch den Vergleich gewährten Rechte. 1

II Auf Antrag eines Gläubigers kann das Konkursgericht Sicherheitsmaßregeln gegen den Gemeinschuldner schon vor der rechtskräftigen Verurtheilung desselben anordnen. 2

§ 184. — *§ 184.* — **§. 198.** § 198.

I Im Falle der rechtskräftigen Verurtheilung wird, wenn genügende Masse vorhanden ist, oder ein zur Deckung der im § 58 Nr. 1, 2 bezeichneten Massekosten ausreichender Geldbetrag vorgeschossen wird, das Konkursverfahren auf Antrag eines Konkursgläubigers wieder aufgenommen. 1

II Die Wiederaufnahme erfolgt durch Beschluß des Gerichts. Auf den Zeitpunkt der Wiederaufnahme und die Bekanntmachung derselben finden die Vorschriften der §§ $\frac{100,\ 103,\ 104,\ 106}{108,\ 111-113}$ entsprechende Anwendung. 2

§ 185. — *§ 185.* — **§. 199.** § 199.

I Für die Anfechtung von Rechtshandlungen, welche in der Zeit von der Aufhebung bis zur Wiederaufnahme des Konkursverfahrens vorgenommen sind, sowie für die in diesem Zeitraume entstandenen Aufrechnungsbefugnisse gilt, wenn nicht inzwischen eine Zahlungseinstellung erfolgt ist, als Tag der Zahlungseinstellung der Tag des ersten die Verurtheilung des Gemeinschuldners aussprechenden Urtheils. 1

Gewöhnliche deutsche und lateinische Schrift = alte KO.

§ 200. § 186. — *§ 186.* — **§. 200.**

I An dem aufgenommenen Verfahren nehmen die Gläubiger, für und gegen welche der Vergleich wirksam war, mit dem noch nicht getilgten Betrage ihrer ursprünglichen Forderungen theil. 1

II Die neuen Gläubiger des Gemeinschuldners sind zur Theilnahme an dem Verfahren berechtigt. Dieselben haben keinen Anspruch auf Befriedigung **aus** einer für die Erfüllung des Zwangsvergleichs bestellten Sicherheit. 2

§ 201. § 187. — *§ 187.* — **§. 201.**

I Das Verfahren ist so weit als nöthig zu wiederholen. 1

II Früher geprüfte Forderungen werden nur hinsichtlich einer inzwischen eingetretenen Tilgung von neuem geprüft. 2

Siebenter Titel.

Einstellung des Verfahrens.

§ 202. § 188. — *§ 188.* — **§. 202.**

I Das Konkursverfahren ist auf Antrag des Gemeinschuldners einzustellen, wenn er nach dem Ablaufe der Anmeldefrist die Zustimmung aller Konkursgläubiger, welche Forderungen angemeldet haben, beibringt. Inwieweit es der Zustimmung oder der Sicherstellung von Gläubigern bedarf, deren Forderungen angemeldet, aber nicht festgestellt sind, entscheidet das Konkursgericht nach freiem Ermessen. 1

II Das Verfahren kann auf Antrag des Gemeinschuldners vor dem Ablaufe der Anmeldefrist eingestellt werden, wenn außer den Gläubigern, deren Zustimmung der Gemeinschuldner beibringt, andere Gläubiger nicht bekannt sind. 2

§ 203. § 189. — *§ 189.* — **§. 203.**

I Der Antrag ist öffentlich bekannt zu machen und mit den zustimmenden Erklärungen auf der Gerichtsschreiberei zur Einsicht der Konkursgläubiger niederzulegen. Die Konkursgläubiger können binnen einer mit der öffentlichen Bekanntmachung beginnenden Frist von einer Woche Widerspruch gegen den Antrag erheben. Im Falle des § $\frac{188}{\mathbf{202}}$ Abs. 1 1

Gewöhnliche deutsche und fette deutsche Schrift = neue KO.

steht der Widerspruch jedem Gläubiger zu, welcher bis zum Ablaufe der Frist eine Forderung angemeldet hat.

II Das Gericht beschließt über die Einstellung nach Anhörung des Gemeinschuldners und des Verwalters. Im Falle eines Widerspruchs ist auch der widersprechende Gläubiger zu hören. 2

§ 190. — **§. 204.** **§ 204.**

I Das Gericht kann das Konkursverfahren einstellen, sobald sich ergiebt, daß eine den Kosten des Verfahrens entsprechende Konkursmasse nicht vorhanden ist. **Die Einstellung unterbleibt, wenn ein zur Deckung der im § 58 Nr. 1, 2 bezeichneten Massekosten ausreichender Geldbetrag vorgeschossen wird.** 1

Vor der Einstellung soll die Gläubigerversammlung gehört werden. 2

§ 191. — **§. 205.** **§ 205.**

I Der Einstellungsbeschluß und der Grund der Einstellung sind öffentlich bekannt zu machen. 1

II Die Vorschriften der §§ $\frac{\text{103 Abs. 2, 104, 106}}{\textbf{111 Abs. 2, 112, 113, 191}}$ finden entsprechende Anwendung. 2

§ 192. — *§ 192.* — **§. 206.** **§ 206.**

I Der Gemeinschuldner erhält das Recht zurück, über die Konkursmasse frei zu verfügen. 1

II Die Vorschriften des § $\frac{152}{\textbf{164}}$ finden entsprechende Anwendung. 2

Achter Titel.

Besondere Bestimmungen.

§ 193. — *§ 193.* — **§. 207.** **§ 207.**

I Ueber das Vermögen einer Aktiengesellschaft findet das Konkursverfahren außer dem Falle der Zahlungsunfähigkeit in dem Falle der Ueberschuldung statt. 1

II Nach Auflösung einer Aktiengesellschaft ist die Eröffnung des Verfahrens so lange zulässig, als die Vertheilung des Vermögens nicht vollzogen ist. 2

Gewöhnliche deutsche und lateinische Schrift = alte KO.

§ 208. § 194. — *§ 194.* — **§. 208.**

I **Zu dem Antrage auf Eröffnung des Verfahrens ist außer den Konkursgläubigern jedes Mitglied des Vorstandes und jeder Liquidator berechtigt.**

II **Wird der Antrag nicht von allen Mitgliedern des Vorstandes oder allen Liquidatoren gestellt, so ist derselbe zuzulassen, wenn die Zahlungsunfähigkeit oder Ueberschuldung glaubhaft gemacht wird. Das Gericht hat die übrigen Mitglieder oder Liquidatoren nach Maßgabe des § $\frac{97}{\mathbf{105}}$ Abs. 2, 3 zu hören.**

§ 195.*)

I Ueber das Vermögen einer eingetragenen Genossenschaft findet das Konkursverfahren ausser dem Falle der Zahlungsunfähigkeit in dem Falle des § 48 des Gesetzes, betreffend die privatrechtliche Stellung der Erwerbs- und Wirthschafts-Genossenschaften, vom 4. Juli 1868 statt.

II Die Vorschriften der §§ 193 Abs. 2, 194 finden entsprechende Anwendung.

§ 196.

I Die Genossenschaft wird durch den Vorstand oder die Liquidatoren vertreten.

II Ein Zwangsvergleich findet nicht statt.

§ 197.

I Nach der Aufhebung des Konkursverfahrens sind die Konkursgläubiger, deren Forderungen festgestellt worden sind, berechtigt, wegen des in dem Verfahren erlittenen Ausfalls, einschliesslich der Zinsen und Kosten, die einzelnen ihnen solidarisch haftenden Genossenschafter in Anspruch zu nehmen. Den letzteren stehen Einwendungen nur gegen solche Forderungen zu, welche von dem Vorstande oder den Liquidatoren im Prüfungstermine ausdrücklich bestritten worden sind.

*) Die §§ 195, 196, 197 der Konkursordnung alter Fassung sind schon durch § 153 des Gesetzes über die Erwerbs- und Wirthschaftsgenossenschaften vom 1. Mai 1889 aufgehoben.

§ 198. — *§ 198.* — **§. 209.** § 209.

I Im Falle der Zahlungsunfähigkeit einer offenen Handelsgesellschaft, einer Kommanditgesellschaft oder einer Kommanditgesellschaft auf Aktien findet über das Gesellschaftsvermögen ein selbständiges Konkursverfahren statt. **Ueber das Vermögen einer Kommanditgesellschaft auf Aktien findet das Konkursverfahren auch im Falle der Ueberschuldung statt.** 1

II Die Vorschrift des § $\frac{193}{\mathbf{207}}$ Abs. 2 findet entsprechende Anwendung. 2

§ 199. — *§ 199.* — **§. 210.** § 210.

I Zu dem Antrag auf Eröffnung des Verfahrens ist außer den Konkursgläubigern jeder persönlich haftende Gesellschafter und jeder Liquidator berechtigt. 1

II Wird der Antrag nicht von allen persönlich haftenden Gesellschaftern oder allen Liquidatoren gestellt, so ist derselbe zuzulassen, wenn die Zahlungsunfähigkeit der Gesellschaft / **bei der offenen Handelsgesellschaft oder der Kommanditgesellschaft die Zahlungsunfähigkeit, bei der Kommanditgesellschaft auf Aktien die Zahlungsunfähigkeit oder die Ueberschuldung** glaubhaft gemacht wird. Das Gericht hat die übrigen persönlich haftenden Gesellschafter oder die Liquidatoren nach Maßgabe des § $\frac{97}{\mathbf{105}}$ Abs. 2, 3 zu hören. 2

§ 200. — *§ 200.* — **§. 211.** § 211.

I Ein Zwangsvergleich kann nur auf Vorschlag aller persönlich haftenden Gesellschafter geschlossen werden. 1

II Der Zwangsvergleich begrenzt, soweit er nicht ein Anderes festsetzt, zugleich den Umfang der solidarischen / **persönlichen** Haftung der persönlich haftenden Gesellschafter mit ihrem sonstigen Vermögen. 2

§ 201. — *§ 201.* — **§. 212.** § 212.

I Wenn Gesellchaftsgläubiger in einem	**In dem Konkursverfahren** 1

Gewöhnliche deutsche und lateinische Schrift = alte KO.

über das Privatvermögen eines persönlich haftenden Gesellschafters

eröffneten Konkursverfahren ihre	**können die Gesellschaftsgläubiger, wenn das Konkursverfahren über das Gesellschaftsvermögen eröffnet ist,**

Befriedigung

wegen des Ausfalls	**nur wegen desjenigen Betrags**

suchen,

welchen sie in dem Konkursverfahren über das Gesellschaftsvermögen erleiden, so sind bei	**für welchen sie in dem letzteren Verfahren keine Befriedigung erhalten. Bei** 2

den Vertheilungen

	sind

die Antheile auf den vollen Betrag der Gesellschaftsforderungen zurückzubehalten, bis der Ausfall bei dem Gesellschaftsvermögen feststeht.

II Im Uebrigen finden auf die vorstehend bezeichneten 3
Forderungen die Vorschriften der §§ $\frac{57, \mathbf{88}}{\mathbf{64, 96}}$ entsprechende Anwendung.

§ 213. *§ 201a.* — **§. 213.**

Auf das Konkursverfahren über das Vermögen einer juristischen Person, sowie eines Vereins, der als solcher verklagt werden kann, finden die Vorschriften der §§. 207, 208 entsprechende Anwendung. 1

§ 214. § 202. — *§ 202.* — **§. 214.**

I II. Für das Konkursverfahren über einen Nachlaß ist das Amtsgericht ausschließlich zuständig, bei welchem der Erblasser zur Zeit seines Todes den allgemeinen Gerichtsstand gehabt hat. 1

§ 215. § 203. — *§ 203.* — **§. 215.**

I Die Eröffnung des Verfahrens setzt die Ueberschuldung des Nachlasses voraus. 1

Gewöhnliche deutsche und fette deutsche Schrift = neue KO.

§ 204. — *§ 204.* — §. 216. § 216.

I Die Eröffnung des Verfahrens wird nicht dadurch ge- 1
hindert, daß der Erbe noch eine Ueberlegungsfrist hat.
———
die Erbschaft noch nicht angenommen hat, oder daß er für die Nachlaßverbindlichkeiten unbeschränkt haftet.

Bei dem Vorhandensein mehrerer Erben ist die Eröffnung 2
des Verfahrens auch nach der Theilung des Nachlasses zulässig.

§ 205. — *§ 205.* — §. 217. § 217.

I Zu dem Antrag auf Eröffnung des Verfahrens ist jeder Erbe, 1
oder Vertreter des Nachlasses
———
der Nachlaßverwalter, sowie ein anderer Nachlaßpfleger, ein Testamentsvollstrecker, dem die Verwaltung des Nachlasses zusteht, und jeder Nachlaßgläubiger berechtigt.

II Wird der Antrag nicht von allen Erben oder Nachlass- 2
vertretern gestellt, so ist derselbe / er zuzulassen, wenn die Ueberschuldung glaubhaft gemacht wird. Das Gericht hat die übrigen Erben, oder Nachlassvertreter nach Massgabe des § 97 Abs. 2, 3
———
soweit thunlich,
zu hören.

Steht die Verwaltung des Nachlasses einem Testaments- 3
vollstrecker zu, so ist, wenn der Erbe die Eröffnung des Verfahrens beantragt, der Testamentsvollstrecker, wenn der Testamentsvollstrecker den Antrag stellt, der Erbe zu hören.

§ 205a. — §. 218. § 218.

Ist eine Ehefrau die Erbin und gehört der Nachlaß zum 1
eingebrachten Gute oder zum Gesammtgute, so kann sowohl die Ehefrau als der Ehemann die Eröffnung des Verfahrens beantragen, ohne daß die Zustimmung des anderen Theiles erforderlich ist. Das Gleiche gilt, wenn der Nachlaß zum Gesammtgute gehört, auch nach Beendigung der Gemeinschaft.

Wird der Antrag nicht von beiden Ehegatten gestellt, so ist er zuzulassen, wenn die Ueberschuldung glaubhaft gemacht wird. Das Gericht hat den anderen Ehegatten, wenn thunlich, zu hören. 2

§ 219. *§ 205b.* — §. 219.

Ein Nachlaßgläubiger, der im Aufgebotsverfahren ausgeschlossen ist oder nach § 1974 des Bürgerlichen Gesetzbuchs einem ausgeschlossenen Gläubiger gleichsteht, kann die Eröffnung des Verfahrens nur beantragen, wenn über das Vermögen des Erben das Konkursverfahren eröffnet ist. Das Gleiche gilt von einem Vermächtnißnehmer, sowie von demjenigen, welcher berechtigt ist, die Vollziehung einer Auflage zu fordern. 1

Ist eine Ehefrau die Erbin und gehört der Nachlaß zum Gesammtgute, so können die im Abs. 1 bezeichneten Gläubiger den Antrag nur stellen, wenn über das Vermögen des Ehemanns das Konkursverfahren eröffnet ist. 2

§ 220. *§ 205c.* — §. 220.

Die Eröffnung des Verfahrens kann von einem Nachlaßgläubiger nicht mehr beantragt werden, wenn seit der Annahme der Erbschaft zwei Jahre verstrichen sind. 1

§ 221. *§ 205d.* — §. 221.

Auf Grund einer nach dem Eintritte des Erbfalls gegen den Nachlaß erfolgten Maßregel der Zwangsvollstreckung oder der Arrestvollziehung kann abgesonderte Befriedigung nicht verlangt werden. 1

Eine nach dem Eintritte des Erbfalls im Wege der einstweiligen Verfügung erlangte Vormerkung ist unwirksam. 2

§ 222. *§ 205e.* — §. 222.

Hat der Erbe vor der Eröffnung des Verfahrens aus dem Nachlasse Pflichttheilsansprüche, Vermächtnisse oder Auflagen erfüllt, so ist die Leistung in gleicher Weise anfechtbar wie eine unentgeltliche Verfügung des Erben. 1

§ 223. *§ 205f.* — §. 223.

Dem Erben steht wegen der ihm nach den §§ 1978, 1

Gewöhnliche deutsche und fette deutsche Schrift = neue KO.

1979 des Bürgerlichen Gesetzbuchs aus dem Nachlasse zu ersetzenden Aufwendungen ein Zurückbehaltungsrecht nicht zu.

§ 205g. — §. 224. § 224.

1 Masseschulden sind außer den im § 59 bezeichneten Verbindlichkeiten:

1. die dem Erben nach den §§ 1978, 1979 des Bürgerlichen Gesetzbuchs aus dem Nachlasse zu ersetzenden Aufwendungen;
2. die Kosten der standesmäßigen Beerdigung des Erblassers;
3. die im Falle der Todeserklärung des Erblassers dem Nachlasse zur Last fallenden Kosten des Verfahrens;
4. die Kosten der Eröffnung einer Verfügung des Erblassers von Todeswegen, der gerichtlichen Sicherung des Nachlasses, einer Nachlaßpflegschaft, des Aufgebots der Nachlaßgläubiger und der Inventarerrichtung;
5. die Verbindlichkeiten aus den von einem Nachlaßpfleger oder einem Testamentsvollstrecker vorgenommenen Rechtsgeschäften;
6. die Verbindlichkeiten, welche für den Erben gegenüber einem Nachlaßpfleger, einem Testamentsvollstrecker oder einem Erben, der die Erbschaft ausgeschlagen hat, aus der Geschäftsführung dieser Personen entstanden sind, soweit die Nachlaßgläubiger verpflichtet sein würden, wenn die bezeichneten Personen die Geschäfte für sie zu besorgen gehabt hätten.

§ 205h. — §. 225. § 225.

1 Der Erbe kann die ihm gegen den Erblasser zustehenden Ansprüche geltend machen.

2 Hat der Erbe eine Nachlaßverbindlichkeit berichtigt, so tritt er, soweit nicht die Berichtigung nach § 1979 des Bürgerlichen Gesetzbuchs als für Rechnung des Nachlasses erfolgt gilt, an die Stelle des Gläubigers, es sei denn, daß er für die Nachlaßverbindlichkeiten unbeschränkt haftet.

3 Haftet der Erbe einem einzelnen Gläubiger gegenüber unbeschränkt, so kann er dessen Forderung für den Fall geltend machen, daß der Gläubiger sie nicht geltend macht.

§ 226. *§ 205i.* — §. 226.

In dem Verfahren kann jede Nachlaßverbindlichkeit geltend gemacht werden. 1

Nachstehende Verbindlichkeiten werden erst nach allen übrigen Verbindlichkeiten und in folgender Rangordnung, bei gleichem Range nach Verhältniß ihrer Beträge berichtigt: 2

1. die seit der Eröffnung des Verfahrens laufenden Zinsen der im § 61 bezeichneten Forderungen;
2. die gegen den Erblasser erkannten Geldstrafen;
3. die Verbindlichkeiten aus einer Freigebigkeit des Erblassers unter Lebenden;
4. die Verbindlichkeiten gegenüber Pflichttheilsberechtigten;
5. die Verbindlichkeiten aus den vom Erblasser angeordneten Vermächtnissen und Auflagen.

Ein Vermächtniß, durch welches das Recht des Bedachten auf den Pflichttheil nach § 2307 des Bürgerlichen Gesetzbuchs ausgeschlossen wird, steht, soweit es den Pflichttheil nicht übersteigt, im Range den Pflichttheilsrechten gleich. Hat der Erblasser durch Verfügung von Todeswegen angeordnet, daß ein Vermächtniß oder eine Auflage vor einem anderen Vermächtniß oder einer anderen Auflage erfüllt werden soll, so hat das Vermächtniß oder die Auflage den Vorrang. 3

Die Verbindlichkeiten, in Ansehung deren der Gläubiger im Wege des Aufgebotsverfahrens ausgeschlossen ist oder nach § 1974 des Bürgerlichen Gesetzbuchs einem ausgeschlossenen Gläubiger gleichsteht, werden erst nach den im Abs. 2 Nr. 1—3 bezeichneten Verbindlichkeiten und, soweit sie zu den in Abs. 2 Nr. 4, 5 bezeichneten Verbindlichkeiten gehören, erst nach den Verbindlichkeiten berichtigt, mit denen sie ohne die Beschränkung gleichen Rang haben würden. Im Uebrigen wird durch die Beschränkungen an der Rangordnung nichts geändert. 4

§ 227. *§ 205k.* — §. 227.

Mit den im § 226 Abs. 2 Nr. 2—5, Abs. 4 bezeichneten Forderungen werden die bis zur Eröffnung des 1

Gewöhnliche deutsche und fette deutsche Schrift = neue KO.

Verfahrens aufgelaufenen und die seit der Eröffnung laufenden Zinsen an derselben Stelle angesetzt.

§ 205 l. — §. 228. § 228.

Was in Folge der Anfechtung einer von dem Erblasser oder ihm gegenüber vorgenommenen Rechtshandlung zur Konkursmasse zurückgewährt wird, darf nicht zur Berichtigung der im § 226 Abs. 2 Nr. 4, 5 bezeichneten Verbindlichkeiten verwendet werden. 1

Auf dasjenige, was der Erbe auf Grund der Vorschriften der §§ 1978—1980 des Bürgerlichen Gesetzbuchs zu der Masse zu ersetzen hat, haben die Gläubiger, die im Wege des Aufgebotsverfahrens ausgeschlossen sind oder nach § 1974 des Bürgerlichen Gesetzbuchs einem ausgeschlossenen Gläubiger gleichstehen, nur insoweit Anspruch, als der Erbe auch nach den Vorschriften über die Herausgabe einer ungerechtfertigten Bereicherung ersatzpflichtig sein würde. 2

§ 205 m. — §. 229. § 229.

Die in dem Aufgebotsverfahren zum Zwecke der Ausschließung von Nachlaßgläubigern angemeldeten und nicht ausgeschlossenen Forderungen gelten als auch im Nachlaßkonkurs angemeldet, sofern das Aufgebot von dem Gerichte, bei welchem der Konkurs anhängig wird, erlassen und das Verfahren nicht vor der Eröffnung des Konkursverfahrens ohne Erlassung des Ausschlußurtheils erledigt ist. 1

§ 206. — §. 230. § 230.

r Ein Zwangsvergleich kann nur auf den Vorschlag aller Erben oder Nachlassvertreter geschlossen werden. 1

Die Gläubiger, welchen die im § 226 Abs. 2 Nr. 2—5, Abs. 4 bezeichneten Forderungen zustehen, nehmen an dem Zwangsvergleiche nicht Theil, sie sind jedoch vor der Bestätigung zu hören. Macht einer von ihnen glaubhaft, daß der Zwangsvergleich sein berechtigtes Interesse verletzt, so ist auf seinen Antrag der Zwangsvergleich zu verwerfen; gegen die Bestätigung steht ihm die sofortige Beschwerde nach § 189 zu. 2

---

§ 231. *§ 206a.* — **§. 231.**

Die Vorschriften des § 223, des § 224 Nr. 1 und des 1
§ 225 Abs. 2, 3 gelten für den Vorerben auch nach dem Eintritte der Nacherbfolge.

§ 232. *§ 206b.* — **§. 232.**

Hat der Erbe die Erbschaft verkauft, so tritt der Käufer 1
in Ansehung des Verfahrens an seine Stelle.

Der Erbe ist wegen einer Nachlaßverbindlichkeit, die im 2
Verhältnisse zwischen ihm und dem Käufer diesem zur Last fällt, in derselben Weise wie ein Nachlaßgläubiger zu dem Antrag auf Eröffnung des Verfahrens berechtigt. Das gleiche Recht steht ihm auch wegen einer anderen Nachlaßverbindlichkeit zu, es sei denn, daß er unbeschränkt haftet oder daß eine Nachlaßverwaltung angeordnet ist. Die Vorschriften des § 223, des § 224 Nr. 1 und des § 225 gelten für den Erben auch nach dem Verkaufe der Erbschaft.

§ 233. *§ 206c.* — §. 233.

Die Vorschriften des § 232 finden entsprechende An- 1
wendung, wenn Jemand eine durch Vertrag erworbene Erbschaft verkauft oder sich zur Veräußerung einer ihm angefallenen oder anderweit von ihm erworbenen Erbschaft in sonstiger Weise verpflichtet hat.

§ 234. *§ 206d.* — **§. 234.**

In dem Konkursverfahren über das Vermögen des Erben 1
finden, wenn auch über den Nachlaß das Konkursverfahren eröffnet, oder wenn eine Nachlaßverwaltung angeordnet ist, auf Nachlaßgläubiger, denen gegenüber der Erbe unbeschränkt haftet, die Vorschriften der §§ 64, 96, 153, 155, 156, des § 168 Nr. 3 und des § 169 entsprechende Anwendung.

Das Gleiche gilt, wenn eine Ehefrau die Erbin ist und 2
der Nachlaß zum Gesammtgute gehört, auch in dem Konkursverfahren über das Vermögen des Ehemanns.

§ 235. *§ 206e.* — **§. 235.**

Ueber einen Erbtheil findet ein Konkursverfahren nicht 1
statt.

Gewöhnliche deutsche und fette deutsche Schrift = neue KO.

§ 206 f. — **§. 236.** § 236.

Die Vorschriften der §§ 214—234 finden im Falle der fortgesetzten Gütergemeinschaft auf das Konkursverfahren über das Gesammtgut entsprechende Anwendung. Konkursgläubiger sind nur die Gesammtgutsgläubiger, deren Forderungen schon zur Zeit des Eintritts der fortgesetzten Gütergemeinschaft bestanden. Zu dem Antrag auf Eröffnung des Verfahrens ist ein Gläubiger nicht berechtigt, dem gegenüber der überlebende Ehegatte zu dieser Zeit persönlich haftete. Die antheilsberechtigten Abkömmlinge sind zu dem Antrage nicht berechtigt; das Gericht hat sie, soweit thunlich, zu hören. 1

§ 207. — *§ 207.* — **§. 237.** § 237.

I III. Besitzt ein Schuldner, über dessen Vermögen im Auslande ein Konkursverfahren eröffnet worden ist, Vermögensgegenstände im Inlande, so ist die Zwangsvollstreckung in das inländische Vermögen zulässig. 1

II Ausnahmen von dieser Bestimmung können unter Zustimmung des Bundesraths durch Anordnung des Reichskanzlers getroffen werden. 2

§ 208. — **§. 238.** § 238.

I Ein / **Das** Konkursverfahren über / **umfaßt nur** das im Inlande be- 1
findliche Vermögen

eines Schuldners, welcher	**, wenn der Schuldner**
im deutschen Reiche	
	eine gewerbliche Niederlassung, aber
keinen allgemeinen Gerichtsstand	
hat, findet statt, wenn derselbe zum Betriebe einer Fabrik, einer Handlung oder eines anderen Gewerbes im Inlande eine Niederlassung hat, von welcher aus unmittelbar Geschäfte geschlossen werden.	**hat.**

Gewöhnliche deutsche und lateinische Schrift = alte KO.

II Dasselbe gilt, wenn ein Schuldner, welcher | **Hat ein Schuldner**

im deutschen Reiche

keinen | **weder eine gewerbliche Niederlassung, noch einen**

allgemeinen Gerichtsstand

hat, | **, so findet ein Konkursverfahren über das im Inlande befindliche Vermögen des Schuldners statt, wenn er**

im Inlande ein mit Wohn- und Wirthschaftsgebäuden versehenes Gut als Eigenthümer, Nutznießer oder Pächter

bewirthschaftet. | bewirthschaftet. Für

III Für

das Verfahren ist das Amtsgericht ausschließlich zuständig, in dessen Bezirke die Niederlassung oder das Gut sich befindet.

IV Ist im Auslande ein Konkursverfahren eröffnet, so bedarf es nicht des Nachweises der Zahlungsunfähigkeit zur Eröffnung des inländischen Verfahrens.

Drittes Buch.

Strafbestimmungen.

§ 239.

§ 209. — *§ 209.* — §. 239.

I Schuldner, welche ihre Zahlungen eingestellt haben, oder über deren Vermögen das Konkursverfahren eröffnet worden ist, werden wegen betrüglichen Bankerutts mit Zuchthaus bestraft, wenn sie in der Absicht, ihre Gläubiger zu benachtheiligen,

1. Vermögensstücke verheimlicht oder bei Seite geschafft haben,
2. Schulden oder Rechtsgeschäfte anerkannt oder aufgestellt haben, welche ganz oder theilweise erdichtet sind,
3. Handelsbücher zu führen unterlassen haben, deren Führung ihnen gesetzlich oblag, oder
4. ihre Handelsbücher vernichtet oder verheimlicht oder so

Gewöhnliche deutsche und fette deutsche Schrift = neue KO.

geführt oder verändert haben, daß dieselben keine Uebersicht des Vermögenszustandes gewähren.

II Sind mildernde Umstände vorhanden, so tritt Gefängnißstrafe nicht unter drei Monaten ein. 2

§ 210. — *§ 210.* — **§. 240.** § 240.

I Schuldner, welche ihre Zahlungen eingestellt haben, oder über deren Vermögen das Konkursverfahren eröffnet worden ist, werden wegen einfachen Bankerutts mit Gefängniß bis zu zwei Jahren bestraft, wenn sie 1

1. durch Aufwand, Spiel **oder Wette** oder durch Differenzhandel mit Waaren oder Börsenpapieren übermäßige Summen verbraucht haben oder schuldig geworden sind;

2. in der Absicht, die Eröffnung des Konkursverfahrens hinauszuschieben, Waaren oder Werthpapiere auf Kredit entnommen und diese Gegenstände erheblich unter dem Werthe in einer den Anforderungen einer ordnungsmäßigen Wirthschaft widersprechenden Weise veräußert oder sonst weggegeben haben;

2./**3.** Handelsbücher zu führen unterlassen haben, deren Führung ihnen gesetzlich oblag, oder dieselben verheimlicht, vernichtet oder so unordentlich geführt haben, daß sie keine Uebersicht ihres Vermögenszustandes gewähren, oder

3./**4.** es gegen die Bestimmung des Handelsgesetzbuchs unterlassen haben, die Bilanz ihres Vermögens in der vorgeschriebenen Zeit zu ziehen.

Neben der Gefängnißstrafe kann in den Fällen der Nr. 1, 2 auf Verlust der bürgerlichen Ehrenrechte erkannt werden. 2

Sind mildernde Umstände vorhanden, so kann auf Geldstrafe bis zu sechstausend Mark erkannt werden. 3

§ 211. — *§ 211.* — **§. 241.** § 241.

I Schuldner, welche ihre Zahlungen eingestellt haben, oder über deren Vermögen das Konkursverfahren eröffnet worden ist, werden mit Gefängniß bis zu zwei Jahren bestraft, wenn 1 sie, obwohl sie ihre Zahlungsunfähigkeit kannten, einem Gläubiger in der Absicht, ihn vor den übrigen Gläubigern zu begünstigen, eine Sicherung oder Befriedigung gewährt haben, welche derselbe nicht oder nicht in der Art oder nicht zu der Zeit zu beanspruchen hatte.

Sind mildernde Umstände vorhanden, so kann auf Geld- 2
strafe bis zu sechstausend Mark erkannt werden.

§ 242. § 212. — *§ 212.* — §. **242.**

I Mit Zuchthaus bis zu zehn Jahren wird bestraft, wer 1

1. im Interesse eines Schuldners, welcher seine Zahlungen eingestellt hat, oder über dessen Vermögen das Konkursverfahren eröffnet worden ist, Vermögensstücke desselben verheimlicht oder bei Seite geschafft hat, oder
2. im Interesse eines solchen Schuldners, oder, um sich oder einem Anderen Vermögensvortheil zu verschaffen, in dem Verfahren erdichtete Forderungen im eigenen Namen oder durch vorgeschobene Personen geltend gemacht hat.

II Sind mildernde Umstände vorhanden, so tritt Gefängniß- 2
strafe oder Geldstrafe bis zu sechstausend Mark ein.

§ 243. § 213. — *§ 213.* — §. **243.**

I Ein Gläubiger, welcher sich von dem Gemeinschuldner 1
oder anderen Personen besondere Vortheile dafür hat gewähren oder versprechen lassen, daß er bei den Abstimmungen der Konkursgläubiger in einem gewissen Sinne stimme, wird mit Geldstrafe bis zu dreitausend Mark oder mit Gefängniß bis zu einem Jahre bestraft.

§ 244. § 214. — *§ 214.* — §. **244.**

I Die Strafvorschriften der §§ $\frac{209-211}{\mathbf{239-241}}$ finden gegen die 1
Mitglieder des Vorstandes einer Aktiengesellschaft oder eingetragenen Genossenschaft und gegen die Liquidatoren einer Handelsgesellschaft oder eingetragenen Genossenschaft, welche ihre Zahlungen eingestellt hat, oder über deren Vermögen das Konkursverfahren eröffnet worden ist, Anwendung, wenn sie in dieser Eigenschaft die mit Strafe bedrohten Handlungen begangen haben.

Gewöhnliche deutsche und fette deutsche Schrift = neue KO.

III.

Das Reichsgesetz, betreffend die Anfechtung von Rechtshandlungen eines Schuldners außerhalb des Konkursverfahrens,

vom 21. Juli 1879 (Reichsgesetzblatt 1879 Nr. 30 S. 277 ff.),

zugleich in der Fassung nach dem Einführungsgesetze zu dem Gesetze, betr. Aenderungen der Konkursordnung, vom 17. Mai 1898

mit dem in der Bekanntmachung des Reichskanzlers vom 20. Mai 1898 (s. oben D) veröffentlichten Texte.

(Reichsgesetzblatt 1898 Nr. 25 S. 709 ff.)

Wir **Wilhelm**, von Gottes Gnaden Deutscher Kaiser, König von Preußen 2c. verordnen im Namen des Reichs, nach erfolgter Zustimmung des Bundesraths und des Reichstags, was folgt:

§ 1. — § 1. § 1.

1 Rechtshandlungen eines Schuldners können außerhalb 1
des Konkursverfahrens zum Zwecke der Befriedigung eines Gläubigers als diesem gegenüber unwirksam nach Maßgabe der folgenden Bestimmungen angefochten werden.

§ 2. — § 2. § 2.

1 Zur Anfechtung ist jeder Gläubiger, welcher einen voll- 1
streckbaren Schuldtitel erlangt hat und dessen Forderung fällig ist, befugt, sofern die Zwangsvollstreckung in das Vermögen des Schuldners zu einer vollständigen Befriedigung des Gläubigers nicht geführt hat oder anzunehmen ist, daß sie zu einer solchen nicht führen würde.

Gewöhnliche deutsche und lateinische Schrift = altes AG.

§ 3. § 3. — §. 3.

I Anfechtbar sind:

1. Rechtshandlungen, welche der Schuldner in der dem anderen Theile bekannten Absicht, seine Gläubiger zu benachtheiligen, vorgenommen hat;

2. die in dem letzten Jahre vor der Rechtshängigkeit des Anfechtungsanspruchs An=fechtung geschlossenen entgeltlichen Verträge des Schuldners

   mit seinem Ehegatten, vor oder während der Ehe, mit seinen oder seines Ehegatten Verwandten in auf= und absteigender Linie, mit seinen oder seines Ehegatten voll= und halbbürtigen Geschwistern, oder mit dem Ehegatten einer dieser Personen,

   sofern durch den Abschluß des Vertrages die Gläubiger des Schuldners benachtheiligt werden und der andere Theil nicht beweist, daß ihm zur Zeit des Vertragsabschlusses eine Absicht des Schuldners, die Gläubiger zu benachtheiligen, nicht bekannt war;

3. die in dem letzten Jahre vor der Rechtshängigkeit des Anfechtungsanspruchs An=fechtung von dem Schuldner vorgenommenen unentgeltlichen Verfügungen, sofern nicht dieselben gebräuchliche Gelegenheitsgeschenke zum Gegenstande hatten;

4. die in den letzten zwei Jahren vor der Rechtshängigkeit des Anfechtungsanspruchs An=fechtung von dem Schuldner vorgenommenen unentgeltlichen Verfügungen zu Gunsten seines Ehegatten, sowie eine innerhalb dieses Zeitraums von ihm bewirkte Sicherstellung oder Rückgewähr eines Heiratsguts oder des gesetzlich in seine Verwaltung gekom-

menen Vermögens seiner Ehefrau, sofern er nicht zu der Sicherstellung oder Rückgewähr durch das Gesetz oder durch einen vor diesem Zeitraume geschlossenen Vertrag verpflichtet war.

§. 3a. § 3a.

Hat der Erbe aus dem Nachlasse Pflichttheilsansprüche, Vermächtnisse oder Auflagen erfüllt, so kann ein Nachlaßgläubiger, der im Konkursverfahren über den Nachlaß dem Empfänger der Leistung im Range vorgehen oder gleichstehen würde, die Leistung in gleicher Weise anfechten wie eine unentgeltliche Verfügung des Erben. 1

§ 4. — §. 4. § 4.

I Hat der Gläubiger, bevor er einen vollstreckbaren Schuldtitel erlangt hatte oder seine Forderung fällig war, denjenigen, welchem gegenüber eine im § 3 Nr. 2—4 bezeichnete Rechtshandlung vorgenommen ist, von seiner Absicht, die Handlung anzufechten, durch Zustellung eines Schriftsatzes in Kenntniß gesetzt, so wird die Frist von dem Zeitpunkte der Zustellung zurückgerechnet, sofern schon zu dieser Zeit der Schuldner zahlungsunfähig war und bis zum Ablaufe von zwei Jahren seit diesem Zeitpunkte der Anfechtungsanspruch rechtshängig geworden / die Anfechtung erfolgt ist. 1

§ 5. — §. 5. § 5.

I Die Erhebung des Anfechtungsanspruchs im Wege der Einrede kann erfolgen, bevor ein vollstreckbarer Schuldtitel für die Forderung erlangt ist; der Gläubiger hat denselben jedoch vor der Entscheidung binnen einer von dem Gerichte zu bestimmenden Frist beizubringen. 1

§ 6. — §. 6. § 6.

I Die Anfechtung wird dadurch nicht ausgeschlossen, daß für die anzufechtende Rechtshandlung ein vollstreckbarer Schuldtitel erlangt, oder daß dieselbe durch Zwangsvollstreckung oder durch Vollziehung eines Arrestes erwirkt worden ist. 1

Gewöhnliche deutsche und lateinische Schrift — altes AG.

§ 7. § 7. — § 7.

I Der Gläubiger kann, soweit es zu seiner Befriedigung erforderlich ist, beanspruchen, daß dasjenige, was durch die anfechtbare Handlung aus dem Vermögen des Schuldners veräußert, weggegeben oder aufgegeben ist, als noch zu demselben gehörig, von dem Empfänger zurückgewährt werde. 1

II Der gutgläubige Empfänger einer unentgeltlichen Leistung hat dieselbe nur soweit zurückzugewähren, als er durch sie bereichert ist. 2

§ 8. § 8. — § 8.

I Wegen Erstattung einer Gegenleistung oder im Falle einer anfechtbaren Leistung wegen seiner Forderung kann der Empfänger sich nur an den Schuldner halten. 1

§ 9. § 9. — § 9.

I Erfolgt die Anfechtung im Wege der Klage, so hat der Klagantrag bestimmt zu bezeichnen, in welchem Umfange und in welcher Weise die Rückgewähr seitens des Empfängers bewirkt werden soll. 1

§ 10. § 10. — § 10.

I Liegt ein nur vorläufig vollstreckbarer Schuldtitel des Gläubigers oder ein unter Vorbehalt ergangenes Urtheil (Civilprozeßordnung §§ $\frac{502,\ 562}{540,\ 599}$ vor, so ist in dem den Anfechtungsanspruch für begründet erklärenden Urtheile die Vollstreckung desselben davon abhängig zu machen, daß die gegen den Schuldner ergangene Entscheidung rechtskräftig oder vorbehaltlos wird. 1

§ 11. § 11. — § 11.

I Die gegen den Erblasser begründete Anfechtung findet gegen den Erben statt. 1

II Gegen einen anderen Rechtsnachfolger desjenigen, welchem gegenüber die anfechtbare Handlung vorgenommen ist, findet die gegen den letzteren begründete Anfechtung statt: 2

1. wenn ihm zur Zeit seines Erwerbes

Altes AG	Neues AG
bekannt war, dass der Schuldner die Rechtshandlung in der Absicht vorgenommen hatte, seine Gläubiger zu benachtheiligen;	**die Umstände, welche die Anfechtbarkeit des Erwerbes seines Rechtsvorgängers begründen, bekannt waren;**

2. wenn er zu den im § 3 Nr. 2 genannten Personen gehört

Altes AG	Neues AG
und nicht beweist, dass er zur Zeit seines Erwerbes von den Umständen, welche die Anfechtung gegen den Rechtsvorgänger begründen, keine Kenntniss hatte.	**, es sei denn, daß ihm zur Zeit seines Erwerbes die Umstände, welche die Anfechtbarkeit des Erwerbes seines Rechtsvorgängers begründen, unbekannt waren;**

3. wenn ihm das Erlangte unentgeltlich zugewendet worden ist.

Im Falle des Abs. 2 Nr. 3 findet auf die Haftung des Rechtsnachfolgers die Vorschrift des § 7 Abs. 2 Anwendung. 3

III Zur Erstreckung der Fristen in Gemäßheit des §. 4 genügt die Zustellung des Schriftsatzes an den Rechtsnachfolger, gegen welchen der Anfechtungsanspruch erhoben wird. / **die Anfechtung erfolgen soll.** 4

§. 12. — §. 12. § 12.

Altes AG	Neues AG
I Das Anfechtungsrecht auf Grund des § 3 Nr. 1 verjährt in zehn Jahren seit dem Zeitpunkte, mit	1 **Die Anfechtung einer nach § 3 Nr. 1 anfechtbaren Handlung kann nur binnen zehn Jahren erfolgen. Auf den Lauf der Frist finden die für die Verjährung geltenden Vorschriften des § 203 Abs. 2 und der §§ 206, 207 des Bürgerlichen Gesetzbuches entsprechende Anwendung.** 2 **Die Frist beginnt mit dem Zeitpunkt, in**

Gewöhnliche deutsche und lateinische Schrift = altes AG.

welchem der Gläubiger den vollstreckbaren Schuldtitel erlangt hatte und seine Forderung fällig war, wenn aber die Rechtshandlung nach diesem Zeitpunkte vorgenommen ist, $\frac{\text{erst seit}}{\textbf{mit}}$ der Vornahme der Handlung.

Die Anfechtung ist ausgeschlossen, wenn seit der Vornahme der Rechtshandlung dreißig Jahre verstrichen sind. 3

§ 13.

§. 13. — **§. 13.**

I Wird über das Vermögen des Schuldners das Konkursverfahren eröffnet, so steht die Verfolgung der von Konkursgläubigern erhobenen Anfechtungsansprüche dem Konkursverwalter zu. Aus dem Erstrittenen sind dem Gläubiger die Prozeßkosten vorweg zu erstatten. 1

II Ist das Verfahren über den Anfechtungsanspruch noch rechtshängig, so wird dasselbe unterbrochen. Im Fall einer Verzögerung der Aufnahme kommen die Bestimmungen der Civilprozeßordnung § $\frac{217}{\mathbf{239}}$ zur entsprechenden Anwendung. Der Konkursverwalter kann den Anspruch nach den Vorschriften der Konkursordnung §§ $\frac{\text{30 bis 32, 34}}{\textbf{37 bis 39, 41}}$ in Gemäßheit der §§ $\frac{\text{240, 491}}{\textbf{268, 529}}$ der Civilprozeßordnung erweitern. Lehnt der Verwalter die Aufnahme des Rechtsstreits ab, so kann derselbe rücksichtlich der Prozeßkosten von jeder Partei aufgenommen werden. Durch die Ablehnung der Aufnahme wird die Befugniß des Verwalters, nach den Vorschriften der Konkursordnung das Anfechtungsrecht auszuüben, nicht ausgeschlossen. 2

III Soweit der Gläubiger aus dem Zurückzugewährenden eine Sicherung oder Befriedigung erlangt hatte, finden auf die Anfechtung derselben die Vorschriften des § $\frac{23}{\mathbf{30}}$ Nr. 1 der Konkursordnung entsprechende Anwendung. 3

Gewöhnliche deutsche und fette deutsche Schrift = neues AG.

IV Nach der Beendigung des Konkursverfahrens können An- 4
fechtungsrechte, deren Ausübung dem Konkursverwalter zu-
stand, von den einzelnen Gläubigern nach Maßgabe dieses
Gesetzes verfolgt werden, soweit nicht dem Anspruch entgegen-
stehende Einreden gegen den Verwalter erlangt sind. War
$\frac{\text{der Einspruch}}{\text{die Anfechtung}}$ nicht schon zur Zeit der Eröffnung des Kon-
kursverfahrens $\frac{\text{rechtshängig}}{\text{erfolgt}}$, so wird die im § 3 Nr. 2 bis 4
bestimmte Frist von diesem Zeitpunkte berechnet, sofern die
$\frac{\text{Rechtshängigkeit}}{\text{Anfechtung}}$ bis zum Ablauf eines Jahres seit der Be-
endigung des Konkursverfahrens $\frac{\text{eintritt}}{\text{erfolgt}}$.

V Rechtshandlungen, welche der Gemeinschuldner rücksicht- 5
lich seines nicht zur Konkursmasse gehörigen Vermögens vor-
genommen hat, können von den Konkursgläubigern auch
während des Konkursverfahrens nach Maßgabe dieses Gesetzes
angefochten werden.

§ 14. — § 14.*) § 14.

I Dieses Gesetz tritt im ganzen Umfange des Reichs gleich- 1
zeitig mit der Konkursordnung in Kraft.

II Dasselbe findet auch auf die vor diesem Zeitpunkte vor- 2
genommenen Rechtshandlungen Anwendung, sofern sie nicht
nach den Vorschriften der bisherigen Gesetze der Anfechtung
entzogen oder in geringerem Umfange unterworfen sind.

III Ist der Anfechtungsanspruch zur Zeit des Inkrafttretens 3
dieses Gesetzes rechtshängig, so bleiben für die Entscheidung
des Rechtsstreits die Vorschriften der bisherigen Gesetze maß-
gebend.

*) Dieser Paragraph ist in dem mit Bekanntmachung vom 20. Mai 1898 veröffentlichten Texte als nunmehr gegenstandslos weggelassen.

Vergleichende Zusammenstellung

der Paragraphenfolge der Konkursordnung vom 10. Februar 1877, des Gesetzes vom 17. Mai 1898 und der neuen Numerirung nach der Bekanntmachung vom 20. Mai 1898.

Die in der zweiten Zahlenreihe enthaltenen Paragraphen zeigen sowohl die abgeänderten Paragraphen der alten Konkursordnung als die neueingeschalteten Paragraphen; wo ein Paragraph der alten Konkursordnung in Wegfall kommt, ist dies hier durch die Worte „fällt weg“ bemerkt.

Gesetz vom 10. Febr. 1877	Gesetz vom 17. Mai 1898		Neue Paragraphenfolge	Gesetz vom 10. Febr. 1877	Gesetz vom 17. Mai 1898		Neue Paragraphenfolge
	§	Nr.			§	Nr.	
§ 1	*§ 1*	*1*	§ 1	§ 21			§ 26
	§ 1a	*2*	§ 2		*§ 21a*	*16*	§ 27
§ 2	*§ 2*	*3*	§ 3		*§ 21b*	*16*	§ 28
§ 3			§ 4	§ 22			§ 29
§ 4	*§ 4*	*4*	§ 5	§ 23			§ 30
§ 5			§ 6	§ 24			§ 31
§ 6	*§ 6*	*5*	§ 7	§ 25	*§ 25*	*17*	§ 32
§ 7			§ 8	§ 26			§ 33
	§ 7a	*6*	§ 9	§ 27			§ 34
§ 8			§ 10	§ 28			§ 35
§ 9			§ 11	§ 29			§ 36
§ 10			§ 12	§ 30			§ 37
	§ 10a	*7*	§ 13	§ 31			§ 38
§ 11	*§ 11*	*8*	§ 14	§ 32			§ 39
§ 12	*§ 12*	*9*	§ 15	§ 33	*§ 33*	*18*	§ 40
§ 13	*fällt weg*	*10*	fällt weg	§ 34	*§ 34*	*19*	§ 41
§ 14	*§ 14*	*11*	§ 16		*§ 34a*	*20*	§ 42
§ 15			§ 17	§ 35			§ 43
§ 16			§ 18	§ 36			§ 44
§ 17	*§ 17*	*12*	§ 19	§ 37			§ 45
§ 18	*§ 18*	*12*	§ 20	§ 38			§ 46
	§ 18a	*12*	§ 21	§ 39	*§ 39*	*21*	§ 47
§ 19	*§ 19*	*13*	§ 22	§ 40	*§ 40*	*21*	§ 48
	§ 19a	*14*	§ 23	§ 41	*§ 41*	*21*	§ 49
	§ 19b	*14*	§ 24	§ 42			§ 50
§ 20	*§ 20*	*15*	§ 25	§ 43	*fällt weg*	*22*	fällt weg

Gesetz vom 10. Febr. 1877.	Gesetz vom 17. Mai 1898 §	Nr.	Neue Paragraphenfolge	Gesetz vom 10. Febr. 1877	Gesetz vom 17. Mai 1898 §	Nr.	Neue Paragraphenfolge
§ 44			§ 51	§ 78			§ 86
§ 45			§ 52	§ 79			§ 87
§ 46			§ 53	§ 80			§ 88
§ 47			§ 54	§ 81	*§ 81*	*28*	§ 89
§ 48			§ 55	§ 82			§ 90
§ 49			§ 56	§ 83	*§ 83*	*29*	§ 91
§ 50			§ 57	§ 84			§ 92
§ 51			§ 58	§ 85			§ 93
§ 52			§ 59	§ 86			§ 94
§ 53			§ 60	§ 87			§ 95
§ 54	*§ 54*	*23*	§ 61	§ 88			§ 96
§ 55			§ 62	§ 89			§ 97
§ 56			§ 63	§ 90			§ 98
§ 57			§ 64	§ 91			§ 99
§ 58			§ 65	§ 92			§ 100
§ 59			§ 66	§ 93			§ 101
§ 60			§ 67	§ 94			§ 102
§ 61			§ 68	§ 95			§ 103
§ 62			§ 69	§ 96			§ 104
§ 63			§ 70	§ 97			§ 105
§ 64	*§ 64*	*24*	§ 71	§ 98	*§ 98*	*30*	§ 106
§ 65			§ 72	§ 99	*§ 99*	*31*	§ 107
§ 66			§ 73	§ 100			§ 108
	§ 66a	*25*	§ 74	§ 101			§ 109
§ 67			§ 75	§ 102	*§ 102*	*32*	§ 110
§ 68			§ 76	§ 103			§ 111
§ 69			§ 77	§ 104			§ 112
§ 70			§ 78	§ 105	*fällt weg*	*33*	fällt weg
§ 71			§ 79	§ 106	*§ 106*	*34*	§ 113
§ 72			§ 80		*§ 106a*	*35*	§ 114
§ 73			§ 81		*§ 106b*	*36*	§ 115
§ 74	*§ 74*	*26*	§ 82		*§ 106c*	*37*	§ 116
§ 75			§ 83	§ 107	*§ 107*	*38*	§ 117
§ 76			§ 84	§ 108			§ 118
§ 77	*§ 77*	*27*	§ 85	§ 109			§ 119

Gesetz vom 10. Febr. 1877.	Gesetz vom 17. Mai 1898 §	Nr.	Neue Paragraphenfolge	Gesetz vom 10. Febr. 1877.	Gesetz vom 17. Mai 1898 §	Nr.	Neue Paragraphenfolge
§ 110			§ 120	§ 143			§ 155
§ 111			§ 121	§ 144	*§ 144*	*45*	§ 156
§ 112			§ 122	§ 145			§ 157
§ 113			§ 123	§ 146			§ 158
§ 114			§ 124	§ 147			§ 159
§ 115			§ 125	§ 148			§ 160
§ 116			§ 126	§ 149			§ 161
§ 117	*§ 117*	*39*	§ 127	§ 150			§ 162
	§ 117a	*40*	§ 128	§ 151			§ 163
§ 118			§ 129	§ 152			§ 164
	§ 118a	*41*	§ 130		*§ 152a*	*46*	§ 165
§ 119			§ 131	§ 153			§ 166
§ 120			§ 132	§ 154			§ 167
§ 121			§ 133	§ 155			§ 168
§ 122	*§ 122*	*42*	§ 134	§ 156			§ 169
§ 123			§ 135	§ 157			§ 170
§ 124			§ 136	§ 158	*§ 158*	*47*	§ 171
§ 125			§ 137	§ 159			§ 172
§ 126	*§ 126*	*43*	§ 138	§ 160			§ 173
§ 127			§ 139	§ 161			§ 174
§ 128			§ 140	§ 162	*§ 162*	*48*	§ 175
§ 129			§ 141	§ 163			§ 176
§ 130			§ 142	§ 164			§ 177
§ 131			§ 143	§ 165			§ 178
§ 132			§ 144	§ 166	*§ 166*	*49*	§ 179
§ 133			§ 145	§ 167			§ 180
§ 134			§ 146	§ 168			§ 181
§ 135			§ 147	§ 169			§ 182
§ 136			§ 148		*§ 169a*	*50*	§ 183
§ 137			§ 149	§ 170			§ 184
§ 138			§ 150	§ 171			§ 185
§ 139			§ 151	§ 172			§ 186
§ 140			§ 152		*§ 172a*	*51*	§ 187
§ 141			§ 153	§ 173			§ 188
§ 142	*§ 142*	*44*	§ 154	§ 174			§ 189

Gesetz vom 10. Febr. 1877.	Gesetz vom 17. Mai 1898. §	Nr	Neue Paragraphenfolge	Gesetz vom 10. Febr. 1877	Gesetz vom 17. Mai 1898 §	Nr.	Neue Paragraphenfolge
§ 175			§ 190	§ 204	*§ 204*	*62*	§ 216
§ 176			§ 191	§ 205	*§ 205*	*62*	§ 217
§ 177			§ 192		*§ 205a*	*62*	§ 218
§ 178	*§ 178*	*52*	§ 193		*§ 205b*	*62*	§ 219
§ 179			§ 194		*§ 205c*	*62*	§ 220
§ 180	*fällt weg*	*53*	fällt weg		*§ 205d*	*62*	§ 221
§ 181			§ 195		*§ 205e*	*62*	§ 222
§ 182			§ 196		*§ 205f*	*62*	§ 223
§ 183			§ 197		*§ 205g*	*62*	§ 224
§ 184	*§ 184*	*54*	§ 198		*§ 205h*	*62*	§ 225
§ 185			§ 199		*§ 205i*	*62*	§ 226
§ 186			§ 200		*§ 205k*	*62*	§ 227
§ 187			§ 201		*§ 205l*	*62*	§ 228
§ 188			§ 202		*§ 205m*	*62*	§ 229
§ 189			§ 203	§ 206	*§ 206*	*62*	§ 230
§ 190	*§ 190*	*55*	§ 204		*§ 206a*	*62*	§ 231
§ 191	*§ 191*	*56*	§ 205		*§ 206b*	*62*	§ 232
§ 192			§ 206		*§ 206c*	*62*	§ 233
§ 193			§ 207		*§ 206d*	*62*	§ 234
§ 194			§ 208		*§ 206e*	*62*	§ 235
§ 195			fällt weg		*§ 206f*	*62*	§ 236
§ 196			fällt weg	§ 207			§ 237
§ 197			fällt weg	§ 208	*§ 208*	*63*	§ 238
§ 198	*§ 198*	*57*	§ 209	§ 209			§ 239
§ 199	*§ 199*	*58*	§ 210	§ 210	*§ 210*	*64*	§ 240
§ 200	*§ 200*	*59*	§ 211	§ 211	*§ 211*	*65*	§ 241
§ 201	*§ 201*	*60*	§ 212	§ 212			§ 242
	§ 201a	*61*	§ 213	§ 213			§ 243
§ 202			§ 214	§ 214			§ 244
§ 203			§ 215				

Alphabetisches Sachregister.

(Die Zahlen ohne Klammern bedeuten die Paragraphen der neuen, die Zahlen in Klammern die Paragraphen der alten Konkursordnung, die Zahlen mit dem Buchstaben E die Paragraphen des Einführungsgesetzes zur Konkursordnung, die Zahlen mit dem Buchstaben A die Paragraphen des Anfechtungsgesetzes).

A.

C.

D.

F.

G.

L.

M.

S.

G. Franz'sche h. b. Hofbuchdruckerei (G. Emil Mayer)

Kolibri 360 GmbH
Ferdinand-Jühlke-Straße 7
99095 Erfurt, Deutschland
produktsicherheit@kolibri360.de